놀이의 기쁨

놀이의 기쁨

EBS 특집 《놀이의 기쁨》 제작진 지음

서문

놀이가 당연하던 시절이 있었습니다. 아침에 눈을 뜨면 "오늘은 뭘 하고 놀지?" 궁리하며 하루를 시작했고, 해가 저물 때까지 뛰어놀다 야단을 들었던 기억은 지금의 삼사십 대 부모라면 누구나 간직하고 있을 추억일 겁니다. 왜 놀아야 하는지 물어보는 사람은 누구도 없었습니다. 아이들에게 놀이는 마치 밥을 먹고 잠을 자는 것처럼 본능적이고 자연스러운 것이었으니까요.

그런데 언젠가부터 이 모든 것이 달라지기 시작했습니다. 노는 아이의 모습을 보면 부모들의 마음은 급해집니다. 급기야 이것저것 할 일을 밀어붙이며 채근하기 바쁩니다.

"놀면 뭐하니? 공부해야지."

"그만 놀고 책 좀 봐라. 공부는 언제 하려고 그러니?"

　게다가 건물과 도로가 도시를 점령하면서 아이들이 뛰어놀던 골목을 밀어냈습니다. 이런 분위기 속에서 아이들은 좋은 대학에 가기 위해 어릴 때부터 치열한 경쟁에 내몰렸습니다. 뒤처지면 낙오자가 되고 만다는 불안감은 아이들의 일상에서 놀이를 지워버렸습니다. 아이들은 스펙을 쌓기 위해 오늘도 놀이터 대신 학원과 사교육으로 등 떠밀리고 있습니다.
　이렇게 꺼져버릴 줄 알았던 놀이가 다시 살아난 건, 아이들의 두뇌와 정서 발달에 놀이가 꼭 필요하다는 사실이 주목받기 시작하면서부터입니다. 놀이가 아이들의 성장에 얼마나 중요한지 집중적으로 조명되는 사회적 분위기와 잘 놀아야 성공할 수 있다며 호들갑 떠는 언론을 부모라면 그냥 넘기기 어려운 게 당연합니다.
　그래서 아이들이 놀이를 배우는 시대가 열렸습니다. 요즘 아이들은 비싼 비용을 치르고 놀이 학원에 다니고, 유아 스포츠 센터나 축구 클럽에 가입해 뛰어노는 방법을 배웁니다. 주말이면 분 단위로 짜인 시간표에 맞춰 체험 활동을 합니다. 유명하다는 키즈 카페를 전전하는 부모도 흔히 볼 수 있는 모습입니다. 아이들에게 잘 노는 법을 가르치려고 땀 흘리는 부모들의 모습을 보며, 문득 한 가지 의문이 떠올랐습니다. 이들 부모 세대는 어렸을 때 누가 가르쳐주지도 않았는데도 어떻게 잘 놀 수 있었던 걸까요?
　부모라면 누구나 자기 아이에게 최고의 교육 환경을 만들어주고 싶은 욕심이 있을 겁니다. 놀이도 마찬가지입니다. 최고로 좋은 놀이, 아이의

서문

두뇌 발달을 돕는 놀이, 인지 발달에 효과적인 놀이를 찾다 보니 놀이와 교육 사이에서 갈팡질팡 길을 잃고 헤매는 부모들을 종종 발견합니다. 부모들은 어린 시절 숨 쉬듯 당연했던 놀이를 자신의 아이들에게 어떻게 가르쳐야 할지 몰라 쩔쩔매고 있습니다.

《놀이의 기쁨》은 잊어버린 놀이의 본질을 되짚고, 아이들을 진짜 행복하게 만드는 놀이의 방법을 함께 고민하기 위해 제작됐습니다. 우리나라 부모들에게 놀이가 힘들고 어렵게 느껴지는 건, 놀이 자체를 교육으로 이해하면서 불거진 문제가 아닐까요? 엄밀히 말하면 부모는 놀이라고 생각했지만, 아이들에겐 또 다른 학습이었던 셈입니다. 그러니 아이들은 놀면서도 행복하지 않았고, 부모들은 아이와 어떻게 놀아줘야 할지 몰라 막막하기만 했던 겁니다.

1부 〈스스로 놀아야 큰다〉에서는 그동안 부모들이 간과했던 놀이의 본질을 이야기합니다. 놀이에는 부모가 아이들에게 선물하고 싶어 하는 모든 것이 담겨 있다 해도 과언이 아닙니다. 놀이를 통해 우리 아이들은 두뇌, 정서, 인지, 사회성, 창의력을 키워 나갈 수 있습니다. 신체 발달에도 놀이만큼 좋은 게 없습니다. 하지만 이건 어디까지나 아이가 스스로 놀 수 있을 때 그렇다는 겁니다. 놀이는 부모가 욕심내서 주입한다고 해서 발달시킬 수 있는 게 아니라는 사실을 반드시 기억해야 합니다.

놀이는 아이가 스스로 선택해서 목적 없이 즐겁게 이루어질 때 비로소 의미 있는 놀이가 됩니다. 부모들이 그토록 바라는 놀이의 효과도 아이가 주체가 된 자발적인 놀이 안에서만 거둘 수 있습니다. 그렇다면 놀이에서 부모는 어떤 역할을 맡아야 할까요? 1부는 이 질문의 대답을 찾아가는 과정입니다. 이와 더불어 아이들의 놀이를 이해하기 위해 어떠한 노력을 기울여야 하는지 그 단서가 담겨 있습니다.

1부에서 놀이의 본질을 고민하고 돌아보는 시간을 가졌다면, 2부 〈바깥에서 놀아야 큰다〉는 무엇을 하고 어떻게 놀아야 하는지 구체적인 방법을 찾아보는 과정이라 할 수 있습니다. 옛날에는 대문만 열고 나서면 친구를 만나 즐겁게 놀 수 있었는데, 요즘 아이들은 놀이터에 가도 함께 놀 친구를 찾아보기 어렵습니다. 부모 세대가 뛰놀던 골목은 자동차가 점령해버렸고, 골목 대신 주어진 공간인 놀이터는 아이들의 흥미를 끌지 못하는 경우가 많습니다. 요즘 아이들이 주로 실내에서, 친구가 아니라 부모와 함께 노는 것은 바로 이런 이유 때문입니다.

영국에서 시작된 '골목 놀이의 날'은 바깥에서 놀고 싶어 하는 아이들을 위한 대안을 제시합니다. 도로에서 자동차가 다니는 대신 아이들이 뛰어놀게 되면 어떤 변화가 찾아올까요? 포항의 아빠들이 좌충우돌하며 만들어간 한국판 '골목 놀이의 날'은 바깥에서 논다는 것이 아이의 세계를 얼마나 넓혀주는지 잘 보여줍니다.

더불어 아이들이 마음 놓고 뛰어놀 수 있는 놀이터가 외면을 당하는 이유는 무엇인지 고민하는 시간도 가졌습니다. 거대한 도시에서 놀이터는 아이들에게 허락된 거의 유일한 바깥 놀이의 공간입니다. 아이들이 놀이터에서 흥미와 즐거움을 발견할 수 있을 때, 더 행복한 바깥 놀이가 가능해질 것이기 때문입니다.

이 모든 과정은 너무나 당연하게 생각했던 놀이가 우리 아이들에게 얼마나 부족했는지 새삼 돌아볼 수 있는 시간이었습니다. 가장 인상적이었던 건 부모가 아이들에게 가르치고 싶어 하는 모든 것을 아이들은 스스로 놀면서 발견하고 찾아낸다는 것이었습니다. 아이들 내면에서 반짝이는 보석이 궁금하고 보고 싶은 대한민국의 모든 부모에게 《놀이의 기쁨》이 현실적인 안내서가 되길 바라는 마음으로 책을 펴냈습니다.

  마지막으로 다큐멘터리가 기획되고 완성되기까지 깊이 있는 조언과 함께 방향을 제시해주신 연세대학교 아동가족학과 김명순 교수님, 놀이 전문가·영유아 교육학 김지연 박사님께 깊은 감사의 말씀을 드립니다. 또한 촬영 과정에서 협조를 아끼지 않고 도와주신 연세대학교어린이생활지도연구원에도 감사드립니다.

EBS 《놀이의 기쁨》 제작진 일동

차례

서문 005

1. 스스로 놀아야 큰다

1. 놀이의 진짜 주인공은 누구인가?

1. 사교육 시장에 상륙한 놀이 열풍 015
2. 놀이는 인생을 배우는 최고의 조기교육이다 017
- 정보 즐거운 놀이가 뇌파를 바꾼다 021
3. 부모의 착각이 놀이를 방해한다 024
4. 놀이에도 진짜와 가짜가 존재한다 034
5. 부모가 원하는 놀이 VS 아이가 원하는 놀이 037
- 정보 인지발달에 따른 연령대별 놀이 047
6. 마음을 어루만지는 놀이의 효능 056
7. 자유가 허락될 때 아이의 놀이성도 발달한다 058
8. 놀이에서만큼은 아이들이 '갑'이다 066
- 정보 놀이가 발달에 미치는 영향 072
- 놀이상담실 Q. 놀이와 훈육 사이 074
  Q. 놀이와 정리정돈의 상관관계 075

2. 스스로 놀아야 큰다

	9. 스스로 놀 줄 아는 아이가 삶을 주도한다	077
정보	자기 주도적인 놀이를 돕는 진짜 장난감	081
	10. 놀이 속에서 해답을 찾는 아이들	084
정보	변화무쌍한 장난감이 진짜 놀이로 안내한다	097
정보	상호작용을 방해하는 나쁜 장난감	098
	11. 놀 권리에 주목하는 대한민국 공교육: 누리과정 개편	099
	12. 놀 줄 아는 부모가 되기 위한 진짜 놀이 추천	106
정보	아이를 행복하게 해주는 놀이 방법	113
	13. 부모가 잘 놀아야 아이가 행복하다	116
정보	아빠 놀이의 숨은 비밀	122
	14. 자발적인 놀이는 성장의 열쇠다	124
인터뷰	4차 산업혁명 시대가 요구하는 인재의 조건, 놀이	131
놀이상담실	Q. 아이에게 필요한 개방적 놀잇감은?	136
	Q. 연령대 다른 아이들과 함께 놀아주려면?	137

2. 바깥에서 놀아야 큰다

3. 바깥을 잃어버린 아이들

	15. 골목에서 놀던 아이들은 어디로 갔을까?	141
	16. 공간의 제약이 놀이의 즐거움을 빼앗는다	147
정보	무엇이 아이들의 놀이를 방해하는가?	150
	17. 골목과 함께 사라진 놀이 문화	155
	18. 아이들이 뛰어놀 권리, 영국 골목 놀이의 날	158
정보	어린이에게 놀 권리를, 세계의 놀이 정책	177
	19. 아이들에게 골목을 선물하라!	181
정보	사회성 발달과 바깥 놀이	187
놀이상담실	Q. 적절한 바깥 놀이 시간은?	188
	Q. 공격적인 놀이를 즐기는 아이, 괜찮을까?	189

4. 세상에서 가장 큰 놀이터

	20. 바깥에서 놀아야 건강하다	191
정보	바깥 놀이와 스트레스	201
정보	바깥 놀이와 눈 건강	202
	21. 놀이가 사라진 놀이터	203
정보	다른 나라의 놀이터는?	209
	22. 놀이와 안전을 둘러싼 딜레마	211
	23. 위험 감수 놀이터가 아이들의 삶을 바꾼다	217
정보	모래 놀이의 효과	221
	24. 어른들은 모르는 놀이터의 비밀	223
정보	우리 동네 놀이터가 달라졌어요	229
	25. 골목대장이 돌아왔다! 포항 골목 놀이의 날	231
	26. 밖에서 놀면 아이의 세상이 넓어진다	236
인터뷰	바깥 놀이는 아이들 인생에서 가장 중요한 성향을 기릅니다	239
놀이상담실	Q. 놀이 도중 규칙을 계속 규칙을 바꾸는 아이	245
	Q. 혼자서도 잘 노는 아이가 되려면?	246
	Q. 스마트폰 중독에서 벗어나는 방법	247

3. 2019개정 누리과정

	누리과정의 성격	251
제1장	총론	251
제2장	영역별 목표 및 내용	255

1. 스스로 놀아야 큰다

1. **사교육 시장에 상륙한 놀이 열풍**

영유아 사교육비만 연간 3조 7000억 원 규모. 우리나라는 전 세계에서 가장 사교육이 번창한 나라답게 OECD 회원국 중 사교육비 1위를 기록하고 있다. 하루 중 공부하는 시간도 1위, 열심히 공부하는 만큼 당연히 대학 진학률도 1위이지만 아이들의 행복지수는 성적과는 정반대로 꼴찌를 차지했다. 학교를 마치면 학원을 전전하느라 바쁜 요즘 아이들은 놀 시간이 턱없이 부족하고 행복을 느낄 여유가 없다.

공부가 미덕인 사회에서 놀이가 유엔아동권리협약에 명시된 엄연한 권리라는 사실조차 대부분의 어른들은 알지 못했다. 2011년 유엔 국가보고서 심의에서 "아동권리협약을 이행하지 않았다"라는 이유로 우리나라에 80여 개의 이행 과제를 권고했을 정도다. 한국 사회가 '놀이'에 주목하기 시작한 건 그때부터였다.

놀이를 잃어버린 아이들의 우울증과 만성적인 무기력증, 언어장애, 신체 마비 등이 사회문제로 떠오르면서 '놀이'를 다시 돌아봐야 한다는 주장에 대한 관심이 뜨거웠다. 놀이가 인지 발달과 밀접한 관계가 있으며, 뇌의 상태를 최적화시키는 한편 창의력과 사회성을 발달시킨다는 사실도 밝혀졌다. 놀이를 통해 아이가 성장한다는 사실은 공부가 최우선이라고 생각했던 대한민국 부모들의 교육관을 뒤흔드는 충격적인 사건이었다.

이렇게 '놀이'가 자녀 교육의 화두로 떠오른 지 10여 년이 흘렀다. 그동안 우리 아이들은 마음껏 뛰어놀며 행복을 누리게 됐을까? 안타깝게도 '놀이'는 아이들의 일상이 아니라 엉뚱한 분야로 파고들었다. 수업료가 값비싼 놀이학교가 등장했고, 서점에는 놀이를 통해 영어나 수학을 가르칠 수 있다는 서적들이 넘쳐난다. 놀이를 통해 개념을 이해하고 학습의 효율성을 높인다는 학원의 홍보 문구에 부모들은 거침없이 지갑을 열고 있다. 놀이를 내세우지만 돈을 내고 일정한 시간 동안 누군가의 지도를 받는다는 것 자체가 사교육의 틀이다. 이는 결국 놀이를 가장한 학습일 뿐, 우리 아이들은 여전히 놀 시간이 부족하고 행복을 느끼기 어려운 게 현실이다.

이유는 하나다. '놀이'가 중요하다는 것은 알게 되었지만, 어떻게 놀게 해야 할지 모르기 때문! 영유아를 키우는 부모 세대 역시 제대로 놀아본 경험이 없다 보니 '놀이'와 '학습' 사이에서 길을 잃고 헤매는 경우가 많다. 아이와 잘 놀아주느냐는 물음에 부모들이 하나같이 "아이와 어떻게 놀아줘야 할지 모르겠어요"라며 하소연하는 것은 바로 이런 이유 때문이다.

1. 스스로 놀아야 큰다

놀이를 뜻하는 영어 단어 '플레이Play'는 갈증이라는 뜻의 라틴어 '플라가Plaga'에서 유래했다. 목마른 이가 물을 마시듯, 억지로 하는 것이 아니라 스스로 원해서 하는 행동이라는 뜻. 이처럼 놀이엔 자발적으로 이뤄지는 즐거운 행위라는 의미가 담겨 있다. 유엔 아동권리위원회 역시 놀이를 "스스로 조절하고 시도하는 행동, 활동, 과정"이라고 정의한다. 즉, 아이들이 스스로 택해서 하는 행동, 활동, 과정이 진짜 놀이라는 의미다.

부모가 개입하고 부모의 계획하에 진행되는 것은 가짜 놀이일 수밖에 없다. 대한민국의 많은 부모가 아이들과 열심히 놀아주려고 노력하지만 정작 아이들이 제대로 놀지 못하는 가장 큰 이유다. 자발성이 결여된 '놀이', 학습의 탈을 쓴 '놀이'에 노는 즐거움을 빼앗긴 요즘, 어떻게 해야 아이들에게 진짜 놀이의 즐거움을 되찾아줄 수 있을까?

2. 놀이는 인생을 가르쳐주는 최고의 조기 교육이다

시기적으로 볼 때, 초등학교 입학은 아이의 인생을 좌우하는 중요한 변곡점이다. 우리나라뿐만 아니라 전 세계 대부분의 나라에서 만 6~7세가 되면 초등학교에 입학한다. 바로 이 시기에 인간의 두뇌 중 가운데 부위인 두정엽과 양옆의 측두엽이 극적으로 발달한다.

'아인슈타인의 뇌'라고도 불리는 두정엽은 수학적, 과학적 사고를 담당한다. 외부에서 들어오는 정보를 조합해 몸의 감각을 감지하고, 숫자나 공간에 대한 이해도가 높아져 수학적인 추상력이 발달한다. 청각 피질과

언어중추가 있는 측두엽은 인지 능력과 기억력을 조절한다. 또한 언어를 이해하고 말로 표현하는 능력이 발달하면서 어휘력과 문자 이해력이 눈에 띄게 높아진다. 뇌 발달과 연계해서 보면, 초등학교 입학 연령은 아이들이 교육을 받아들일 수 있는 시점이라 볼 수 있다.

하지만 요즘 아이들은 만 2세만 되면 한글과 숫자를 익히기 시작한다. 세계화 시대를 맞아 불기 시작한 영어 조기 교육 바람은 세월이 흘러도 식을 기미가 보이지 않는다. 사교육 1번지라고 불리는 대치동에서는 초등학교 4학년 때부터 대입을 준비해도 늦다는 말까지 나돌 정도다. 선행 학습을 하지 않으면 명문대에 갈 수 없다는 불안 마케팅은 부모들을 거대한 사교육 시장으로 이끄는 일등 공신이다. 하지만 전문가들은 나이에 맞지 않는 조기 교육이 아이의 뇌 발달을 방해한다고 경고한다. 스트레스 호르몬을 분비시켜 뇌의 신경세포가 제대로 발달하지 못하게 가로막는다는 것.

영국 케임브리지대학University of Cambridge에서 뇌신경학을 연구하는 우샤 고스와미Usha Goswami 교수는 만 5세에 글자를 읽기 시작한 아이들이 만 7세에 글자를 읽기 시작한 아이들보다 학창 시절 학업 성취도가 더 낮다는 연구 결과를 보고했다. 이 연구를 통해서도 알 수 있지만, 아이들의 뇌가 글자를 읽을 준비가 되지 않은 시기에 글자를 가르치면 도움이 되는 것이 아니라 오히려 해가 될 수 있다.

사교육을 많이 할수록 오히려 창의력이 떨어진다는 연구 결과도 있다. 국책연구기관인 육아정책연구소에서 5세 유아를 비롯해 초등학교 2학년과 5학년 어린이 총 270명을 대상으로 그림을 통해 창의력과 지능을 검사한 결과, 사교육을 1주일에 1회 더 받을수록 창의력 점수가 0.563점씩 감

일주일에 참여하는 사교육 수(단위: %)

	1개	2개	3개	4개
유아 5세	33.3	40.6	13.0	5.8
초등 2학년	7.2	21.7	27.7	19.3
초등 5학년	16.2	25.7	18.9	23.0

참여하는 사교육 종류(단위: %)

영어	체육	음악	국어	미술	무용	기타
52.5	49.2	39.4	29.7	25.0	4.7	14.4

자료: 유아정책연구소, 2017

소했다. 연구에 참여한 아이들은 88.4%가 사교육을 받았으며, 횟수는 일주일에 2회가 28.8%로 가장 많았다. 3회 받는 아이는 20.4%, 4회 받는 아이는 16.4%를 차지했다. 조사 대상자의 창의력 평균 점수가 16.43점이라는 것을 감안하면, 사교육 횟수가 창의성에 미치는 영향력이 적지 않다는 것을 확인할 수 있다.

"아이들은 놀고 있을 때 더욱 적극적인 모습으로 바뀝니다. 아이가 원하는 대로 놀게 해주세요. 자신의 흥미를 따라갈 수 있도록 스스로 결정하게 해주면, 아이들은 스스로 의미 있는 일들을 찾고 흥미 있는 일에 집중하는 법을 연습합니다. 인간의 성장 과정에서 가장 중요한 것이 바로 놀이입니다."

영국 캠브리지대학의 놀이발달연구소Center for Research on Play in Education, Development and Learning, PEDAL 데이비드 화이트브레드David Whitebread 소장은 인간을 성장하게 만드는 건 학습이 아니라 놀이라고 강조했다. 아무런 성취도 가져다주지 않는 미성숙한 행동처럼 보이는 놀이가 실은 아이의 두뇌 발달에 필수적이라는 것이다. 놀이에 대한 확고한 믿음을 바탕으로 화이트브레드 소장은 만 5세 때 입학하는 호주 초등학생들의 입학 시기를 늦추고 좀 더 오래 놀 수 있도록 해야 한다고 권고하기도 했다. 만 6~7세까지 충분히 놀고 학교에 입학한 아이가 정서적으로 안정돼 있고 학업 성적도 더 좋았다는 것이 그의 설명이다.

아이들은 놀면서 세상을 배우고 앞으로 세상을 살아가는 데 필요한 여러 가지 능력을 익힌다. 과도한 사교육은 놀이의 기회를 차단하고, 놀이를 통해 터득할 수 있는 여러 가지 경험들을 가로막는다. 남들보다 일찍 영어나 수학을 배우는 것보다 인생에서 더 중요한 것은 아이 스스로 삶을 이끌어가는 힘을 길러주는 것이 아닐까?

1. 스스로 놀아야 큰다

정보

즐거운 놀이가 뇌파를 바꾼다

놀이는 아이들에게 주어진 본능이다. 뇌과학 측면에서 볼 때, 만 5~11세 아이들은 움직임이 많은 특성을 가졌는데, 이를 무시하고 책상에 앉아서 수업만 듣게 하면 당연히 집중력이 떨어질 수밖에 없다. 이와 관련, 전문가들은 특히 신체 활동이 포함된 놀이가 필수라고 강조한다.

아동 관련 NGO 세이브더칠드런Save the Children, SC은 한 초등학교와의 실험을 통해 놀이와 학습의 연관성을 입증했다. 4학년과 6학년 어린이 30명을 4개월간 매주 한 시간씩 정상 수업을 하는 대신 학교 안 놀이 공간에서 마음껏 놀게 했다. 그리고 같은 학년 어린이 28명은 평소와 똑같이 수업을 받도록 했다. 실험이 끝난 뒤 아이들에게 어떤 변화가 나타났을까?

"학교에서 공부하는 게 재미있다", "우리 반 아이들에게 모르는 것을 가르쳐주고 싶다" 같은 질문으로 알아본 결과, 놀이를 한 집단에서 학습태도지수가 6% 상승했다. 특히 기존에 학습 태도 지수가 하위 10%로 낮은 편이었던 아이들의 경우, 21%나 상승했다. 반면, 정상 수업을 한 통제집단에선 유의미한 변화가 나타나지 않았다.

실험 전후 아이들의 뇌파도 크게 차이를 보였다. 고차원적 사고를 담당하는 전두엽의 알파파가 표준 수치인 40~45보다 크게 낮았던 아이들이 실험 후 상승한 것. 기존 알파파 평균 수치가 좌뇌 23.09, 우뇌 23.93에서 각각 30.56, 30.71로 높아졌다. 좌우 불균형이 눈에 띄던 아이들은 고른 발달을 보이기도 했다.

이처럼 알파파 수치가 표준에 가깝게 상승한 것으로 볼 때 아이들의 놀이가 전두엽 발달에 긍정적인 영향을 끼친다는 것을 보여준다. 전두엽이 활성화되면 긍정적인 정서를 갖게 되고, 뇌에서 부정적인 정서를 처리하는 속도가 높아져서 정서 조절을 잘 하게 된다고 전문가들은 분석했다.

다음 그래프를 살펴보자. 한 4학년 어린이의 알파파로, 맨 왼쪽은 매주 한 시간씩 놀이를 하기 전이며, 가운데는 넉 달 동안 실험을

1. 스스로 놀아야 큰다

한 뒤의 모습이다. 가장 오른쪽은 건강한 전두엽 기능을 보여주는 알파파 분포이다. 매주 한 시간씩 넉 달 동안 논 뒤 좌우 전두엽의 기능이 모두 활성화됐고 좌우 불균형이 개선된 것을 알 수 있다.

버클리대학University of California, Berkeley의 연구 결과에서도 놀이와 두뇌 발달의 연관성을 확인할 수 있다. 쥐를 세 집단으로 나눈 뒤, 첫 번째 집단에는 장난감을 넣어주고 12마리가 같이 지내게 했다. 두 번째 집단에는 장난감을 넣어주지 않고 아주 제한된 공간에서만 사육했다. 세 번째 집단은 보통 상태에서 키웠다. 연구 결과, 자유로운 공간에서 장난감을 갖고 논 쥐들의 뇌 무게가 10% 정도 증가한 것으로 나타났다. 놀이를 통해 얻는 재미있고 신선한 자극이 뇌 발달에 긍정적인 영향을 미친다는 것을 잘 보여주는 결과다.

3. 부모의 착각이 놀이를 방해한다

놀이는 아이가 태어나는 순간 시작된다. 손가락을 빨거나 딸랑이를 흔드는 것은 아이가 시작하는 최초의 놀이다. 인간은 본능적으로 놀이를 좋아하고 원하도록 만들어졌다고 해도 과언이 아니다. 아이에게 부모는 태어나서 처음으로 만나는 놀이 상대다. 아직 말을 하지 못하는 아기도 부모와 놀이를 하면서 즐거움을 느끼고 자신의 감정을 해소한다. 부모와 정서적인 교류를 충분히 하면 다음 단계인 친구 관계로 원만하게 넘어간다.

특히 부모가 자녀의 놀이에 적극적으로 참여할수록 아이들의 능력은 잘 발달한다. 화가 나거나 기쁠 때 자기 감정을 상황에 맞게 표현하고 자신의 욕망과 행동을 스스로 통제하는 능력을 통틀어 자기 조절 능력이라고 한다. 아이는 부모와 함께 몸을 움직여 놀면서 자신의 행동을 조절하고 통제하는 연습을 하고, 부정적인 에너지를 발산해 정서적으로 안정감을 느낀다. 부모와 아이가 함께 노는 상호작용을 통해 사회적인 능력의 기본이 되는 자기 통제와 정서 조절 능력을 배울 기회가 만들어지는 것이다. 아이는 부모와의 놀이를 통해 사회관계를 학습한다.

하지만 아이와 놀아주려고 마음먹었다가도 정작 놀이를 하려면 부담을 느끼는 부모가 많다. 아이에게 보다 좋은 것을 경험하게 해줘야 한다는 압박감을 느끼기 때문이다. 대부분의 부모가 괜찮다고 소문난 체험 학습이나 행사에 참여하거나 문화센터, 미술관 등 어딘가 특별한 장소에 데려가지 않으면 아이와 제대로 놀아주지 못했다고 생각한다.

1. 스스로 놀아야 큰다

놀이의 교육적인 가치가 주목받으면서 아예 아이를 놀이학교에 보내는 부모도 많아졌다. 요즘 인기 있는 놀이학교들은 유럽식 놀이 교육을 표방하며 다양한 교구를 활용해 놀이와 공부의 균형을 추구한다고 홍보한다. 보통 1년 학비가 1000만 원에 달할 정도로 비싸지만, 놀이를 가르칠 곳을 애타게 찾는 부모들은 귀가 솔깃할 수밖에 없다.

그런데 부모들이 선택한 체험과 놀이 교육이 아이들에게 진정한 즐거움을 선사하고 성장과 정서 발달에 도움이 될까? 교육학자, 보육 전문가, 놀이 전문가들은 한결같이 무엇보다 놀이에 대한 어른들의 인식 개선이 선행되어야 한다고 지적한다. 그렇다면 전문가들이 말하는 진정한 놀이란 무엇일까?

관찰 카메라

놀이 고수 아빠, 김원열 씨의 놀이법

5세 이음이와 3세 지음이 남매를 키우는 김원열 씨는 아이들과 잘 놀아주는 놀이 고수 아빠로 소문이 자자하다. 방송에도 몇 차례 소개된 바 있으며, 아이들과 제대로 놀아주기 위해 육아 휴직까지 단행할 만큼 놀이에 대한 열정도 뜨겁다. 아이를 어린이집이나 유치원에 보내는 대신 하루 종일 함께 있으며 아이들과 즐겁게 놀아주는 열혈 아빠 김원열 씨의 하루를 살펴보자.

24시간 함께 지내는 아빠와 아이들이다 보니 따로 정해진 놀이 시간이 없다. 아침에 눈을 떠 아빠와 눈이 마주치는 그 순간부터 놀이가 시작된

궁금하면, 쌓아보기

다. 특별한 장난감도 필요 없다. 이불 하나만 있어도 아빠에겐 훌륭한 장난감이 된다. 아이들을 이불에 태워 끌어주거나, 눕혀놓고 김밥처럼 둘둘 말아서 굴리면 놀이동산 못지않게 커다란 환호성과 웃음소리가 터져 나온

1. 스스로 놀아야 큰다

다. 이렇게 장난감 대신 주변의 사물을 이용하는 것이 김원열 씨의 놀이 철칙이다.

아이들이 가장 좋아하는 마트 놀이도 아빠의 작품이다. 홍보용 전단에 인쇄된 여러 가지 식품이나 물건의 사진을 오린 다음, 뒷면에 자석을 붙여 칠판에 그려진 냉장고에 붙이는 방식으로 놀이가 이루어진다. 아이들이 물건을 선택하고 보관할 위치를 고른 뒤 아빠와 이야기를 나누면서 적절히 선택했는지 알아보기도 한다.

"휴지는 냉동실에 넣어요."
"휴지를 냉동실에 넣는다고? 그럼 휴지가 어떻게 될까?"

아빠의 질문에 잠시 생각하던 이음이가 선택을 바꾼다.

"그럼 휴지는 냉장고 위에 둬요."

이음이의 대답을 들은 아빠는 화장지의 위치를 냉장고 위로 바꾸고, 그렇게 해야 하는 이유에 대한 설명을 덧붙인다. 놀이를 통해 일상에서 자주 접하는 물건들의 특징을 이해하고 제대로 정리하는 방법을 가르쳐주기 위한 아빠의 아이디어다.

"놀면서 규칙을 배우고, 놀면서 근육이 발달하고, 함께 놀다 보면 인간관계도 키워 나갈 수 있잖아요. 어렸을 때는 굳이 책상 앞에 앉혀놓고

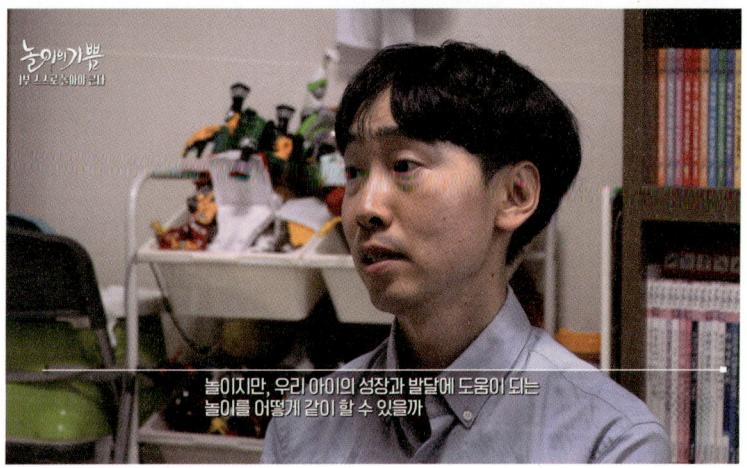

가르치는 게 아니라 이렇게 놀면서도 충분히 가르칠 수 있다고 생각합니다. 애들도 무작정 가르치려고 하면 싫어하는데 놀이가 가미되니 제법 집중하고 잘 받아들이더라고요."

1. 스스로 놀아야 큰다

놀이에 대한 확고한 철학을 갖고 있기 때문에 아빠는 주저 없이 육아휴직을 결심할 수 있었다. 아이들에게 더 많은 것을 가르쳐주고 싶은 욕심에 아빠는 다양한 놀이를 만들어냈다.

아이들이 좋아하는 또 다른 놀이로 눈알 놀이가 있다. 아빠와 손잡고 산책하면서 문구점에서 파는 작고 동그란 눈알 스티커를 길가의 돌이나 나뭇잎에 붙이는 놀이다. 오늘 아이들은 호박을 골랐다. 아빠는 조심스럽게 눈알 스티커를 붙이고 동글동글한 호박이 되어 아이들에게 말을 건넨다.

"안녕, 애들아. 반가워. 난 호박이야. 너희들 호박 좋아해?"
"그냥 호박은 잘 먹는데 단호박은 싫어."
"단호박이 알면 슬퍼할 거야. 이제는 단호박도 맛있게 먹어줘. 알겠지?"
"알았어."

평소 목소리와 달리 굵직하면서도 장난스러운 목소리. 아빠의 연기는 그야말로 일품이다. 눈알 스티커를 붙이고 나면 돌도 나뭇잎도 아이들에게 이야기를 건넨다. 아이들은 아빠의 입을 통해 전해지는 이야기에 귀를 기울인다. 오늘처럼 편식하지 말라는 당부일 때도 있고, 작은 동물들이 어떻게 살아가는지 아빠의 상상이 가득 담긴 이야기일 때도 있다.

놀이에 대한 철학이 분명한 만큼 아빠의 놀이는 분명한 목적을 담고 있는 경우가 많았다. 대표적인 것이 책으로 계단을 쌓는 놀이. 아이들에게 책을 읽으라고 강요하는 대신 책과 어울려 놀며 책에 친숙해질 수 있는 방법을 찾고 싶었다. 그렇게 해서 만들어진 놀이. 집에 있는 책을 모두 가

져와 계단처럼 쌓은 다음, 아빠의 손을 잡고 계단 꼭대기까지 올라가는 놀이다. 함께 책 계단을 쌓으면서 책에 대한 이야기를 자연스럽게 나눌 수 있다는 것이 장점이라고.

1. 스스로 놀아야 큰다

그런데 한참 열심히 책 계단을 쌓던 지음이가 포기를 선언한다. 계단이 점점 높아지는 걸 보니 걸어 올라갈 일이 무서워진 것이다. 슬그머니 혼자 블록을 쌓으면서 다른 놀이를 시작하는 지음이. 하지만 아빠에게 포기란 없다. 지음이가 좋아하는 괴물 이야기를 살짝 꺼낸다. 이야기를 더 듣고 싶어 하는 아이에게 아빠는 책으로 만든 계단을 끝까지 올라야 한다는 조건을 내세운다. 아빠의 전략은 대성공. 무서운 마음을 억누르고 조심스럽게 책으로 만든 계단을 오르는 아이들을 아빠는 뿌듯한 표정으로 지켜보며 격려한다.

"이런 놀이는 끝까지 해야 성취감을 느낄 수 있는데, 중간에 포기하면 아쉽잖아요. 인내심이 필요한 놀이는 이렇게 살살 달래가면서 끝까지 하도록 이끌어가는 편이에요. 저는 아이의 성장과 발달에 도움이 될 수 있는 놀이가 무엇일까 항상 고민합니다. 무엇보다 학습과 놀이의 교차점을 찾는 게 중요하다고 생각해요."

아빠는 두려운 마음을 이겨내고 책으로 만든 계단을 끝까지 오르는 동안 지음이가 성취감을 느꼈을 거라고 말했다. 이렇게 아빠는 아이들이 놀이를 통해 세상을 배우고 익히길 바랐다.

관찰 결과   **놀면서 배운다는 오해**

　　　　　놀이에서 시작해 놀이로 끝나는 열혈 아빠 김원열 씨의 하루. 인터넷을 검색해 새로운 놀이를 찾아내고 놀잇감을 직접 만들 만큼 노력하는 아빠다. 자신만의 놀이 철칙도 확고하다. 놀이를 통해 아이들이 재미있게 세상을 공부하고 도전과 성취감을 맛보길 바란다. 그렇다면 전문가들의 눈에 비친 김원열 씨의 놀이는 어떨까?

"모든 놀이에 나름대로 계획과 시나리오가 있어요. 질문에는 답이 정해져 있고요. 놀이보다는 학습에 더 가깝죠. 물론 그 상황에서도 아이들이 즐거울 수 있지만, 아이들과 노는 것이 아니라 아이들과 재미있게 수업하는 선생님 같은 모습이에요."

놀이 전문가 김지연 박사는 놀이가 제대로 이루어지지 않았다는 진단을 내렸다. 아빠와 아이들의 마트 놀이를 다시 한 번 살펴보자. 질문에는 늘 답이 정해져 있었다. 아이들이 아빠 기준에서 틀린 답을 내놓으면 원하는 정답이 나올 때까지 묻고 또 물었다. 눈알 스티커를 붙이는 놀이도 마찬가지다. 호박에 눈알 스티커를 붙이는 것도, 이야기를 들려주는 것도 아빠 혼자. 아이들은 아빠의 질문에 간단한 대답만 했을 뿐이다. 이렇게 부모의 계획 안에서 아이에게 정해진 답을 알려줄 때 이미 놀이는 학습으로 변질된다.

책으로 계단을 만드는 놀이 역시 아이들에게 성취감을 느끼게 해주고

1. 스스로 놀아야 큰다

싶다는 아빠의 목적이 뚜렷했다. 그래서 다른 놀이를 선택한 지음이를 설득해 놀이를 끝까지 마치도록 했다. 물론 아이들도 즐겁게 아빠의 놀이에 함께한 것처럼 보였다. 하지만 놀이의 시작부터 끝까지 모든 선택은 아빠의 몫일 뿐, 아이들이 스스로 놀이를 선택하고 주도해 나가는 자유는 찾아볼 수 없다. 아빠가 선택한 놀이는 가르침을 바탕에 깔고 있다는 점에서 놀이보다는 학습에 더 가깝다.

놀이는 놀이 자체로 아이들에게 즐거움을 줄 때 그 효과가 극대화된다. 무언가를 경험하는 것 자체를 특별한 의도 없이 즐기며, 목적도 결과물도 필요로 하지 않아야 한다. 아침에 일어나서 이불을 가지고 놀던 그때가 김원열 씨와 아이들이 가장 놀이답게 놀았던 순간이었다.

많은 부모가 학습도 놀이처럼 할 수 있고 놀이도 하나의 교육이라고 생각하지만, 그것은 커다란 오해에 불과하다. 놀이는 절대 교육이 될 수 없다.

아이가 아무리 즐겁고 재미있어 보여도 이뤄야 할 목적이 있다면 그것은 이미 놀이가 아니라 놀이를 가장한 학습일 뿐이다. 목표를 정하고 계획에 따라 원하는 결과가 나오길 기대하는 건 '일'이지 '놀이'가 될 수 없다. 즐겁게 놀면서 배울 수 있다는 부모들의 착각이 아이들이 제대로 놀지 못하는 장벽이 될 수 있다는 것을 기억해야 한다.

4. 놀이에도 진짜와 가짜가 존재한다

아이들은 놀면서 큰다는 말이 있다. 이 말에는 아이에게 놀이는 단순히 신체를 움직이고 에너지를 발산하는 행동을 넘어 세상을 탐색해 나가는 과정이라는 의미가 담겨 있다. 놀이는 즐거움을 안겨줄 뿐 아니라, 상대방과의 상호작용을 통해 표현력과 인지 능력을 발달시키도록 돕는다. 또한 놀이 안에서 실패를 겪고 극복하는 경험을 통해 아이들은 세상의 규칙을 이해하고 사회의 일원이 되는 법을 스스로 배운다. 이때 중요한 전제 조건이 하나 있다. 이 모든 것이 '가짜' 놀이가 아니라 '진짜' 놀이를 할 때 가능하다. 그렇다면 진짜 놀이란 무엇일까?

진짜 놀이의 조건은 크게 세 가지를 꼽을 수 있다. 첫째, 놀이를 통해 즐거움을 얻을 수 있어야 한다. 사람마다 독특한 개성이 있고 관심사가 다른 것처럼, 아이들도 성격과 기질에 따라 원하는 놀이가 다르기 마련이다. 무엇이든 아이가 즐거움을 느낀다면 진짜 놀이가 될 수 있다. 아이들은 원하는 놀이를 할 때 가장 큰 즐거움과 흥미를 느낀다. 즐거운 놀이는 아이들의 감정을 해소시켜주고, 세상을 탐색해 나갈 수 있는 재미와 흥미를 제공한다. 반면 관심 없는 놀이를 누군가에 의해 억지로 해야 하는 상황이라면, 이는 즐겁지 않은 가짜 놀이여서 놀이를 지속하기도 어렵다.

진짜 놀이의 두 번째 조건은 놀이의 시작과 끝을 아이 스스로 정하는 자발성과 주도성이 보장되어야 한다는 것이다. 놀이에서 진짜와 가짜를 구분 짓는 가장 중요한 요소는 바로 놀이의 주도권이 누구에게 있는가다. 어른이 먼저 놀이를 고르고 설명하고 권유한다면 진짜 놀이가 될 수 없다. 언젠가부터 유행하는 엄마표 놀이가 진짜 놀이가 될 수 없는 이유가 바로 여기 있다. 이런 경우, 놀이 뒤에 은근하게 배움의 의도가 깔려 있는, 놀이를 가장한 학습인 경우가 더 많다. 연세대학교 아동가족학과 김명순 교수는 진짜 놀이의 핵심은 자발성이라고 강조했다.

"부모들이 개입하기 시작하면 바깥에서 안으로 들어가는 지식이 돼요. 어떤 걸 선택하느냐가 중요한 게 아니라 아이가 자유롭게 선택하느냐가 놀이의 첫 번째 중요한 시작점이라는 것을 잊지 말아야 해요. 처음부터 선택권이 주어지지 않으면 아이는 그 놀이를 자신의 것이 아니라고 생각하게 돼요. 우리나라 부모들이 가장 어려워하는 게 바로 이 부분이에요. 나는 저걸 선택했으면 좋겠는데 애는 꼭 엉뚱한 걸 선택하거든요."

아이가 선택한 놀이를 하더라도 중간에 부모가 개입해서 지시한다면 놀이의 주도권이 부모에게 넘어가게 된다. 이렇게 되면 자발적으로 시작했던 놀이도 부모가 제시하는 과제처럼 느껴질 수 있다. 자발성과 주도성

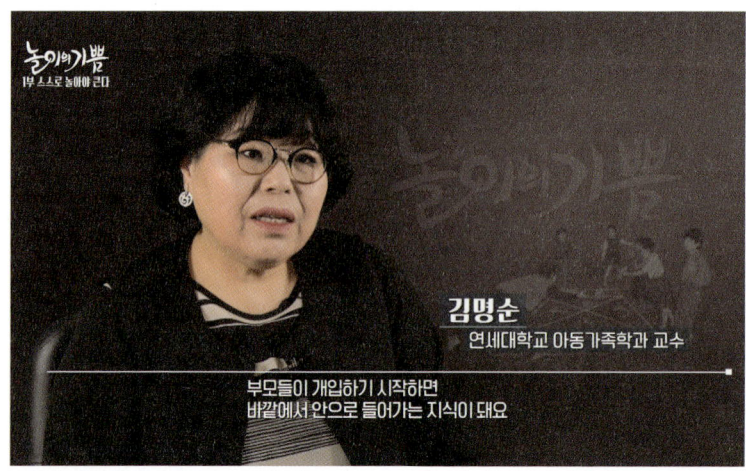

이 사라지는 순간, 놀이의 즐거움은 반감될 수밖에 없다. 아이가 주도적으로 놀이를 선택하고 이끌었을 때 비로소 진짜 놀이가 가능해진다는 것을 잊지 말아야 한다.

마지막으로 놀이를 통해 무엇을 얻고자 하는 목적이 없을 때, 진짜 놀이의 세 번째 조건이 완성된다. 놀이 안에서 자꾸 뭔가를 가르치고 싶어 하거나, 부차적인 목적을 이루려고 한다면 놀이가 될 수 없다. 놀이는 비생산적인 활동을 하면서 얻는 즐거움 바로 그 자체이기 때문이다. 케임브리지대학 부설 놀이발달연구소 데이비드 화이트브레드 소장은 목적 없음이야말로 놀이를 놀이답게 만드는 요소라고 규정했다.

"활동을 재미있는 놀이로 만드는 데는 여러 가지 근본적인 요소가 있습니다. 그중 하나가 바로 외적 동기가 없어야 한다는 것입니다. 아이들이 노는 건 그냥 놀기 위해서예요. 예를 들어, 아이들은 뭔가를 만들고 싶을 때 블록 쌓기 같은 걸 합니다. 그런데 실컷 쌓아놓고는 무너뜨리면서 웃습니다. 오직 그냥 쌓는 것 그 자체가 목적인 것이지요. 방법이 중요하지 결과는 중요하지 않아요."

아무런 목적 없이 아이 스스로 놀이를 선택해서 스스로 이끌어 나갈 때, 그래서 놀이를 통해 즐거움을 얻을 때 비로소 아이의 삶을 성장시키는 진짜 놀이가 된다. 부모가 놀이를 통해 자꾸 무언가를 가르치려고 한다면 아이들은 긴장하게 되고 즐거움을 느끼기 어려워진다. 애써 가르치고 교육하지 않아도 제대로 된 놀이를 즐긴다면 자연스럽게 사회성이나 인지 능력이 발달한다. 굳이 놀이를 교육의 도구로 활용하지 않아도 아이들은 놀면서 스스로 배울 수 있다는 점을 기억하자.

5. 부모가 원하는 놀이 VS 아이가 원하는 놀이

놀이는 부모와 자녀 사이에서 이루어지는 최초의 의사소통 수단이다. 아직 말을 할 줄 모르는 어린 아기들이 부모의 움직임을 따라 하며 즐거워하는 모습을 떠올려보라. 이는 아이가 시도하는 최초의 놀이다. 이런 놀이를 즐기는 동안 아이의 뇌 속에서는 중요한 신경회로가 만들어진다.

뇌신경과학자들은 뇌 영상 촬영을 통해 다른 사람의 행동을 관찰하기만 해도 뇌 속에선 자신이 직접 그 행동을 할 때와 같은 활성화가 일어난다는 것을 발견했다. 우리 뇌 속의 거울뉴런이 다른 사람의 행동을 따라 하게 만든다는 것이다.

갓 태어난 아기는 30cm 앞밖에 볼 수 없지만, 엄마가 안고 혀를 살짝 내밀면 신생아도 혀를 내민다. 이 같은 사실을 바탕으로 워싱턴대학 Unversity of Washington의 발달심리학자 앤드류 멜트조프 Andrew Meltzoff는 아기들이 생후 10주가 되면 행복하게 미소짓는 표정이나 화를 낼 때 찡그리는 인상까지 기본적인 정서를 나타내는 부모의 표정들을 따라 한다고 설명했다.

인간의 뇌 활동은 대뇌피질 속 시냅스의 활동이라 할 수 있다. 시냅스 Synapse는 신경세포간 정보 전달이 이루어지는 부위를 가리키는데, 사람이 어떤 행동을 반복할 때 그 행동 패턴이 시냅스 형태로 뇌에 기록되면서 발달한다. 보통 성인의 뇌에는 대략 100조 개 정도의 시냅스가 존재하는데, 갓 태어난 아기의 시냅스는 2%에 불과한 20조 개 정도다. 하지만 열심히 부모를 따라 하면서 아기는 부지런히 시냅스를 만든다. 그 결과, 대략 3세가 되면 어느 정도 인간 활동이 가능한 시냅스가 만들어진다. 영유아기 때 부모와 함께하는 놀이는 두뇌를 발달시키고 정서적인 유대관계를 만들어가는 바탕이 되어주는 것이다.

관찰 카메라 **놀이, 그 참을 수 없는 지루함**

생후 22개월 된 연재는 아침마다 엄마와 전쟁 아닌 전쟁을

1. 스스로 놀아야 큰다

치른다. 엄마가 집안일을 하는 사이, 양말통에서 가족들의 양말을 하나하나 빼내 거실 바닥에 신나게 던지기 때문이다. 엄마가 다시 주워 담아도 소용없다. 슬금슬금 눈치를 보면서 다시 통의 양말을 쏟는 사고를 치기 일쑤다. 양말통뿐만이 아니다. 블록을 담아두는 상자도 연신 뒤집어엎는 연재 때문에 엄마는 매일 큰 소리를 내고 만다. 집 안에서 갑 티슈가 사라진 것도 연재 때문이다. 화장지를 모조리 뽑아 던져 집 안을 어지르기 일쑤라서 연재에게 자꾸 화를 내게 되자 아예 아이 손이 닿지 않는 곳으로 치워버린 것.

하지만 엄마의 진짜 고민은 따로 있다. 한 살 위 오빠 연솔이와 달라도 너무 다른 연재의 놀이 성향이 엄마에겐 어려운 숙제 같기만 하다. 활달한 첫째 연솔이는 놀이를 할 때도 미끄럼틀을 타고 싶다거나 자동차 장난감을 갖고 놀고 싶다고 원하는 놀이를 분명하게 이야기한다. 자기 표현이 확실해서인지 놀 때 신나고 즐거워 보이는 연솔이와 달리 동생인 연재는 놀이를 할 때 거의 아무런 반응도 없어 고민이다. 지금 하는 놀이를 재미있어 하는지 아니면 지루해하는지 표정을 읽기 힘들어 어떻게 반응해줘야 할지 엄마는 막막하기만 하다.

연년생이지만 달라도 너무 다르다는 두 남매의 놀이. 제작진은 두 아이의 노는 모습을 관찰하며 엄마의 고민을 함께해보기로 했다. 활달한 성격의 오빠 연재는 자동차를 가지고 놀거나 블록 놀이를 하다가도 쉴 새 없이 엄마에게 달려가 자신의 놀이에 대해 조잘조잘 이야기하느라 바쁜 모습이었다. 반면 연재는 묵묵히 한자리에 앉아 가장 좋아하는 놀이라는 퍼즐 맞추기만 할 뿐이다. 완성하고 나면 애써 맞춘 퍼즐을 뒤집어서 흐트러뜨린 후 똑같은 퍼즐을 다시 맞추기 시작한다. 엄마가 다른 퍼즐을 권

엎지르지 마, 안 돼

엎지르면 안 돼

할 때까지 연재는 똑같은 퍼즐을 몇 번이고 반복해서 맞추고 또 맞췄다. 워낙 좋아해서 퍼즐 장난감을 20개 넘게 사줬지만, 꼼짝도 하지 않고 퍼즐만 맞추는 모습을 보면 한숨이 절로 나온다.

1. 스스로 놀아야 큰다

"신나서 웃기도 하고 그래야 재미있게 노는가 보다 생각할 텐데, 너무 아무런 표현도 없이 가만히 앉아서 퍼즐만 맞추고 있으니까 보고 있다 보면 좀 답답해요. 저는 활동적인 성격이라서 이것도 해보고 저것도 해보

는 편이거든요. 그래서 연재가 노는 걸 지켜보다가 계속 물어보게 돼요. 연재야, 재밌어? 지루하지 않아? 우리 다른 장난감 가지고 놀아볼까?"

혹시 연재가 관심을 가질 만한 장난감이 부족한 건 아닐까 하는 생각에 또래 아이들에게 인기가 있다는 장난감을 아끼지 않고 사줬다. 이날도 연재를 위해 커다란 상자가 하나 배달됐다. 경쾌한 음악 소리와 함께 레일을 따라 움직이는 기차놀이 세트. 과연 연재의 반응은 어떨까?

엄마가 들고 있는 커다란 상자에 눈길을 준 것도 잠시, 연재는 이내 맞추고 있던 퍼즐에 다시 집중하기 시작했다. 엄마가 기차를 조립하며 연재의 관심을 이끌어보려고 노력했지만, 연재의 시선은 여전히 퍼즐에만 고정돼 있었다. 활동적인 성격의 엄마는 이럴 때마다 난감하다고 하소연했다. 연솔이와는 별다른 노력을 하지 않아도 즐거웠던 놀이가 연재에겐 아

1. 스스로 놀아야 큰다

무리 노력해도 지루하고 어렵기만 한 이유는 무엇일까?

관찰 결과   **엄마는 미처 알지 못했던 아이의 놀이**

엄마는 연재가 퍼즐 맞추기만 반복하는 모습을 보며 아이가 재미있게 놀지 못하는 것 같다고 걱정했다. 그런데 아이가 노는 모습을 분석한 놀이 전문가 김지연 박사는 연재 엄마와 전혀 다른 진단을 내렸다.

"연재가 지금 상자에서 휴지를 계속 뽑고 있지요? 연재 또래의 아이들은 이런 활동을 너무 좋아해요. 이 연령대는 탐색하고 반복하고 그것에 숙달되는 단계거든요. 이런 활동을 기능 놀이라고 합니다. 생후 24개월이 될 때까지 아이들은 신체의 감각 운동을 반복적으로 연습하면서 재미를 느낍니다. 연재는 지금 아주 잘 놀고 있는 거예요."

연재의 놀이가 지루하다는 건 전적으로 엄마의 시각에 맞춰진 판단이라는 지적이다. 연재가 퍼즐을 반복해서 맞추는 것은 신체의 감각 운동을 반복적으로 연습하면서 재미를 느끼는 시기이기 때문이다. 아이의 놀이를 제대로 이해하지 못했기에 엄마는 연재를 보며 심심하고 지루하다고 느꼈던 것이다.

아이가 태어나서 두 돌이 될 때까지는 여러 가지 감각을 실험하고 익히는 기능 놀이의 시기다. 단순한 행동을 되풀이하며 끊임없이 무언가를 탐

이런 경우에 연재는 굉장히 즐거운 거예요
엄마한테 혼날 상황을 각오하고 뽑는 거거든요

이 아이 놀이의 현재 발달 수준은
지속해서 반복하는 기능 놀이의 수준이에요

색하고 그 과정에서 즐거움을 느끼는 것이다. 예를 들어, 사물을 손에 잡히는 대로 두드리거나 짝짜꿍하는 것 같은 놀이가 이에 해당한다.

주변을 탐색하며 성공적인 놀이를 경험하고 이 과정에서 신체적인 능

1. 스스로 놀아야 큰다

력이 증진되면서 아이는 원인과 결과의 관계를 익힌다. 심리학자 장 피아제 Jean Piaget는 놀이란 끊임없이 입력되는 수많은 개념 중에서 아이가 이미 알고 있는 개념을 반복 사용하면서 그 과정에 즐거움을 느껴 다음 날에도 다시 확인하며 재미를 느끼는 행위라고 설명했다.

아침마다 양말통을 뒤집어가며 양말을 던진 것도, 갑 티슈에서 화장지를 계속 뽑아대는 것도 연재가 말썽을 부리는 것이 아니라 사실은 놀이를 하는 것이었다. 엄마가 미처 놀이라고 인지하지 못했던 연재의 작은 행동 하나하나가 아이에겐 세상에서 가장 즐거운 놀이였던 것이다.

지금 연재 엄마에게 필요한 것은 놀이를 바라보는 시선의 변화다. 날마다 반복되는 연재의 놀이가 아이가 성장하는 과정에서 자연스레 거쳐가는 정상적인 발달 과정이라는 것을 이해하고, 그 안에서 새로운 도전과 성장을 발견한다면 엄마도 연재의 놀이가 충분히 즐겁게 느껴질 것이다.

놀이 전문가 김지연 박사는 엄마에게 '관찰'을 주문했다.

"'우리 아이가 지금 뭘 하고 있지?' 하고 바라보는 관찰부터 시작하셔야 돼요. 아이가 바라보고 있는 것, 아이 손에 들려 있는 것에서부터 놀이가 시작되거든요. 연재가 손에 들고 있는 것에 주목하지 않고 엄마가 원하는 형태의 놀이를 시도하려다 보니 아이와 엄마의 놀이에 간극이 생기는 겁니다. 아이의 놀이를 관찰하다 보면 연재가 무엇을 좋아하는지 알게 될 거예요"

마주 앉아서 함께 시간을 보내고 있지만 엄마와 아이는 다른 놀이를 하

고 있었던 셈이다. 문제는 엄마가 계속해서 다른 놀이를 권한다면, 연재는 자신의 놀이가 방해 받는다고 느낄 거라는 점이다. 따라서 엄마는 연재의 놀이에서 한 발 뒤로 물러설 필요가 있다. 아이가 좋아하는 게 무엇인지 계속 생각하면서 바라보다 보면 그 놀이의 주체는 결국 아이가 된다. 부모가 정보를 주고 놀이에 직접 개입하기보다는 아이가 하고 싶은 것이 무엇인지 찾아본다면 그 과정에서 아이는 자기 스스로 놀이를 이끌어가는 주도성을 배우게 될 것이다. 연재가 원하는 놀이를 선택해서 즐겁게 이끌어갈 수 있을 때까지 엄마는 계속 격려하고 응원할 것을 약속했다.

1. 스스로 놀아야 큰다

정보
인지 발달에 따른 연령대별 놀이

스위스 심리학자 장 피아제는 인간의 인지 발달은 네 단계를 거친다고 설명했다. 각 단계는 개인의 성향이나 발달 정도, 환경에 따라 차이가 있을 수 있으나, 발달 순서는 대체적으로 바뀌지 않는다. 발달 단계는 감각운동기 Sensorimotor Stage(0~2세), 전조작기 Pre-operational Stage(2~7세), 구체적 조작기 Concrete Operational Stage(7~11세), 형식적 조작기 Formal Operational Stage(11세 이후), 네 단계로 나뉜다. 각 단계별 특징을 알아두면 아이의 놀이를 이해하는 데 보다 열린 시각을 가질 수 있을 것이다.

출생~24개월

감각운동기(탐색 놀이, 반복 놀이)

반복적인 행동을 통해 기능적인 즐거움을 느끼고 감각 운동을 연습하는 놀이. 예를 들어, 매달려 있는 장난감을 우연히 건드렸다가 흔들리는 것을 보고 즐거움을 느끼면서 같은 행동을 반복하고, 그 과정에서 신체를 움직이는 방법을 배운다. 이 시기의 아이들은 숟가락을 두드린다든지, 통을 끊임없이 떨어뜨리는 것처럼 얼핏 봐선 왜 그렇게 하는지 모를 행동들을 반복해서 되풀이한다는 특징을 보인다. 아이가 왜 그런 행동을 하는지, 언제 그런 행동을 끝낼 것인지는 그 누구도 알지 못한다. 중요한 건 그 행위 자체가 아이가 최초로 선택한 몰입이자 즐거움이며, 능동적으로 이끌어가

는 놀이라는 것이다.

아이가 처음 주도성을 나타낼 때 부모가 어떤 반응을 보이는지가 매우 중요하다. 예를 들어, 아이가 계속 숟가락을 떨어뜨리면서 논다면 부모가 옆에서 주워주어야 놀이를 계속 진행할 수 있다. 매번 숟가락을 주워주는 게 귀찮다면 아이가 스스로 숟가락을 떨어뜨렸다 집어 들 수 있도록 바닥에 앉혀놓는 것도 방법이다. 이때 중요한 건 부모가 귀찮아하거나 짜증 내는 기색을 보이면, 아이는 본인이 즐겁다고 느꼈던 놀이에 대해 갈등하게 된다는 것이다. 아이가 자신의 놀이에 빠져 무한 반복할 때, 부모는 웃으면서 봐주거나 고개를 끄덕여주는 정도의 긍정적인 참여를 해주는 것이 아이가 주도적으로 놀이를 이끌어가는 데 도움이 된다.

24~48개월
전조작기(상징 놀이, 역할 놀이)
이 시기의 아이들은 상상력이라는 새로운 능력을 동원해 자신의 경험을 표현하거나 때로는 변형하는 놀이를 즐긴다. 종이 상자를 자동차라고 부르면서 운전하는 흉내를 내는 것처럼 사물에 상징적으로 가상의 의미를 부여하는 것. 어휘가 확장되고 경험을 통합하는 능력이 발달하면 소꿉놀이나 병원 놀이처럼 다른 사람의 역할을 상상하고 놀이로 표현하기도 한다. 이 과정에서 타인의 입장을 헤아리고 공감하는 능력을 키워 나가게 된다.

상상 놀이를 할 때 아이들은 자신의 경험을 바탕으로 현실 세계와는 다른 자신만의 세상에서 이야기를 만들어 상대방과 놀이를

하기 때문에 비논리적이거나 현실 세계의 규칙과는 동떨어질 수 있다. 아이가 놀이의 틀을 만든 다음 여러 가지 상황과 행동, 사물들을 상대방에게 이해시키고 설명하는 것을 상위 의사소통이라고 한다. 상상 놀이를 하면서 스스로 각본을 만들고 놀이의 틀을 유지해본 아이들은 기본적으로 창의성이 높은 편이다.

또한 현실을 바탕으로 가상의 세계 속 사물을 만들다 보면 문제해결 능력과 인지적인 융통성이 발달한다. 상상 놀이는 하면 할수록 놀이의 깊이와 수준이 높아지는데, 이때 부모는 아이가 만들어내는 이야기가 아이에게 중요한 능력을 발달시키는 과정이라고 생각하고 적절한 반응을 보여야 한다. 부모가 적극적으로 반응해 줄수록 아이의 상상력은 더 깊어진다.

48개월 이상

전조작기(협동 놀이)

사고력과 판단력, 집중력을 관장하는 전두엽이 발달하면서 아이들의 놀이에도 변화가 나타난다. 친구와 함께 놀다가 의견이 충돌

하거나 마음이 맞지 않을 때 이를 해결하고 극복해 나가는 능력이 생기는 것도 이 시기다. 또한 하나의 목표를 위해 친구들과 소통하며 상호작용을 해 나가는 협동 놀이가 가능해진다.

　이 시기에는 아이의 놀이에 부모가 어느 정도 개입할 필요가 있다. 아이들이 늘 친구와 놀 수 있는 것은 아니다. 혼자 있을 때도 놀고 싶을 수 있다. 이런 경우 부모가 아이의 놀이 상대가 되어 협업할 수 있는 놀이를 함께 해주는 것이 좋다.

만 6세 이후

구체적 조작기(규칙이 있는 놀이)

논리적인 사고가 이루어지기 시작하고 인과관계를 이해할 수 있는 시기로, 상대방과 함께 규칙을 만들어가면서 노는 방법을 배우기 시작한다. 이 시기 아이들은 타협을 통해 결정된 놀이의 규칙에 따라 서로 경쟁하고 승부를 가릴 줄 알게 된다. 술래잡기처럼 신체적인 움직임을 활용하거나 오목이나 장기를 두는 것처럼 집중력이 필요한 놀이가 동시에 나타나는데, 이런 놀이를 하면서 자연스럽게 사회 규범의 의미를 이해하고 주어진 범위 내에서 자신의 행동을 통제하는 조절 능력이 발달한다.

6.   마음을 어루만지는 놀이의 효능

    아이들의 놀이는 상상과 규칙 안에서 이루어진다. 예를 들어, 병원 놀이를 할 때 아이들은 의사와 환자로 역할을 나누고 놀이가 이루어지는 공간을 병원이라고 상상한다. 이 같은 상상에 동의한 아이들끼리 자연스럽게 놀이가 시작되는데, 병원에 가봤던 경험을 토대로 놀이의 규칙을 만들어 나간다. 놀이가 계속돼 참여하는 아이들이 하나둘씩 늘어나면 새로운 상상과 규칙이 생겨나기 마련이다.
 이 과정에서 아이들끼리 의견 충돌이 생기거나 갈등에 휩싸이기도 한다. 이때 아이들은 자신의 감정을 조절하고 타협을 통해 상대방을 이해하는 방법을 배우게 된다. 이렇게 아이들은 친구와 어울려 놀면서 상대방의 감정에 공감하는데, 이를 통해 정서적인 발달이 이루어진다.
 특히 놀이는 아이가 가진 부정적인 정서를 안전하게 해소하는 통로가 되어주기도 한다. 이를테면 엄마에게 혼난 아이가 인형을 혼내거나 벌주는 행동을 하는 것을 볼 수 있는데, 이는 슬펐던 자신의 경험을 인형에 대입해 표현하며 부정적인 감정을 해소하는 것이다. 병원 놀이를 통해 의사에게 진찰받고 주사를 맞았을 때의 두려움과 공포를 발산하는 것도 마찬가지 경우. 이렇게 아이들은 부정적인 감정을 경험했을 때 놀이를 통해 그 감정을 극복하고 상황에 대처해 나가는 법을 배운다.
 놀이가 부족한 아이들은 부정적인 정서를 해소할 기회가 적기 때문에 자신의 감정을 조절하는 능력이 떨어질 수밖에 없다. 이 경우, 자신의 감정을 솔직하게 표현하지 못하고 엉뚱하게 다른 친구들을 공격하거나 물

1. 스스로 놀아야 큰다

건을 집어 던지는 등 신경질적인 행동을 보이기도 한다. 아이들은 놀이를 통해 자신의 욕구와 감정을 조절하고 다른 사람의 감정을 파악하고 그 감정에 맞춰 자신을 다스리는 법을 깨닫는다.

자신의 감정을 조절할 줄 안다는 것은 회복 탄력성Resilience이 높다는 의미이기도 하다. 회복 탄력성은 밑바닥까지 떨어져도 다시 꿋꿋하게 튀어 오르는 능력을 가리킨다. 똑같은 시련을 겪더라도 어떤 아이는 더 힘을 내 앞으로 나아가지만 어떤 아이는 포기하고 주저앉는데, 이는 바로 회복 탄력성의 차이 때문이다.

"회복 탄력성은 누군가에게 가르쳐줄 수 있는 것이 아닙니다. 아이 스스로 상황 대처 방법을 배울 수 있도록 부모가 기회를 만들어줘야 합니다. 10대가 되면 대부분의 아이가 힘들어하는 모습을 보입니다. 10대가 되어 더 큰 난관을 만났을 때 대처할 수 있는 대응 기제를 갖추도록 도와줘야 합니다."

영국의 팀 길Tim Gill 놀이 컨설턴트는 회복 탄력성을 기르기 위해서는 실패와 시련을 이겨내는 경험이 꼭 필요하다고 강조했다. 아이들이 문제와 맞닥뜨렸을 때, 어른들이 나서서 해결하고 결정을 내려준다면 회복 탄력성을 기르기 어렵다. 오히려 무력함만 배우게 된다.

"친구나 또래의 비판을 받아 논쟁을 벌이거나, 한 번도 해보지 않았던 뭔가를 시도했다가 일이 잘 안 풀리는 것 같은 경험이 필요해요. 요즘 아이들에게는 일상에서 난관을 만나고 그것을 스스로 해결해볼 기회가 별로 없어요. 예를 들어, 높은 나무에 오르려고 하거나 새로운 운동을 했을 때 생각보다 어렵다는 걸 알면 회복 탄력성이 구축되지요. 놀이와 선택, 자유는 그 중심이고요."

회복 탄력성은 시련과 고난을 이겨낼 수 있는 마음의 힘이다. 회복 탄력성이 높을수록 마음이 강하고 적극적인 아이로 자라며 실패를 경험했을 때 좌절하기보다는 이를 발판으로 새로운 도전을 모색하고 성장의 기회로 삼을 수 있다. 물론 아이들에게 놀이가 부족하다고 해서 발달에 치명적인 영향을 미친다고 단정적인 결론을 내리기는 어렵다. 하지만 자기 감정을 자연스럽게 표현하거나 상대방과 공감하고 교류하는 정서적 측면에서의 발달이 부족해질 수 있다는 것은 분명하다.

7. 자유가 허락될 때 아이의 놀이성도 발달한다

놀이에 참여할 때 적극적으로 즐겁게 참여하는 힘의 원천을 놀이성이라고 한다. 다시 말해, 놀이성이란 놀이 안에서 즐거움의 수준을 스스로 높이고 지루한 것도 재미있게 만드는 능력을 의미한다. 이는 태어날 때부터 누구나 가지고 있는 성향이나 기질의 일종으로, 다만 놀이성이 잘 발달돼 있느냐, 그렇지 않으냐의 차이만 있을 뿐이다. 놀이 전문가인 미국 일리노이대학University of Illinois 린 바넷Lyn Barnett 교수는 어렸을 때 놀이를 많이 한 사람이 더 높은 놀이성을 갖추게 된다고 단언했다.

아이가 세상에 태어나 처음 놀이를 시작할 때, 부모는 가장 먼저 아이와 놀아주고 아이의 손에 놀잇감을 들려주는 존재다. 아이가 잘 놀 수 있도록 놀이 환경을 조성해주는 사람도 부모다. 이는 곧 부모가 놀이에 대해 어떤 생각을 가졌는지에 따라 아이의 놀이성이 달라질 수 있다는 것을 의미한다. 아이와 충분히 상호작용하는 부모가 아이의 놀이를 수용하고 공감해줄 때 아이는 더 잘 놀게 된다. 반대로 아이의 놀이를 이해하지 못하거나 방해한다면 아이는 놀이를 하지 않게 되고 놀이성도 떨어질 수밖에 없다.

무엇보다 중요한 것은 놀이를 대하는 부모의 태도다. 놀이에 대한 부모의 태도는 아이를 양육하는 태도에도 직접적인 영향을 미친다. 놀이를 통해 학습이 이루어지길 바라거나 놀이를 주도해 가려는 부모는 일상생활 속에서도 아이를 과잉보호하거나 엄격하게 통제하는 경우가 많다. 문제는 어렸을 때 자기 주도적인 놀이를 경험하지 못한 아이는 성인이 되어서도 책임감이 부족하거나 의존성이 지나치게 높다는 것이다. 어떤 문제가 생겼을 때 스스로 해결할 동기 자체가 부족하고, 지금껏 부모가 알아서 해결해줬기 때문에 스스로 고민해서 문제를 해결하려는 의지도 부족하다.

반대로 생각해보면 어렸을 때부터 부모로부터 자기 주도적으로 놀게 배려받은 아이들은 놀이를 통해 자율성과 주도성을 배운다고 할 수 있다. 특히 유아기 때 부모와의 놀이가 잘 형성된 아이들은 놀이뿐만 아니라 다른 분야에서도 놀이성을 발휘한다. 어린 시절의 놀이 경험은 아이의 사회성을 키워주는 바탕이 된다. 잘 놀며 자란 아이가 사회 적응 속도도 훨씬 빠르고, 높은 업무 능력과 리더십을 발휘할 가능성이 크다.

관찰 카메라

아이의 놀이는 부모의 노동?

놀이의 중요성이 알려지면서 공부만 중요하게 생각했던 한국 부모들 사이에서도 아이들과 열심히 놀기 위해 노력하는 부모들이 늘어나는 추세다. 한재희 씨도 그중 한 명이다. 8세 지호와 5세 연지가 심심하지 않도록 인터넷을 뒤져 다양한 체험 활동이나 행사에 대한 정보를 수집하고, 주말에는 잠자는 시간 빼고는 꼬박 아이들과 시간을 보내며 함께 논다. 조금은 극성맞게 놀이를 찾는 엄마 덕분에 지호와 연지 남매는 심심할 겨를이 없다. 가끔 지호가 귀찮아하며 엄마가 예약한 체험 활동을 하는 대신 집에서 쉬고 싶다고 하면 엄마의 수고를 몰라주는 아들에게 섭섭한 마음이 들기도 한다.

그런데 어느 날 남편이 지나가듯 던진 한마디가 엄마를 고민에 빠뜨렸다. 자신이라면 열심히 놀러 다니자고 하는 엄마가 피곤하고 싫을 것 같다는 이야기였다. 이유를 물었더니 아이들이 너무 힘들어 보인다고 했다. 남편의 이야기는 엄마에게 마음에 돌덩이 하나가 내려앉는 것 같은 충격을 주었다.

사실 두 아이와 놀아주는 시간이 엄마도 재미있거나 즐겁지 않았다. 두 아이가 엄마 손이 한창 필요할 나이라는 생각에 함께 시간을 보내기 위해 노력한 것일 뿐, 빨리 시간이 흘러 아이들과의 놀이에서 벗어나고 싶다는 것이 엄마의 본심이다. 초등학교 고학년이 돼서 엄마보다는 친구와 함께 노는 시간이 많아질 때까지 힘들어도 버텨야 한다는 생각으로 아이들과 놀아줬다. 최선을 다해 놀아주고 있지만, 아이도 엄마도 놀이가 버겁고

1. 스스로 놀아야 큰다

지친 상태였다.

  즐거워야 할 놀이가 왜 이렇게 힘들고 어렵게만 느껴지는걸까? 엄마와 아이들이 함께 노는 모습을 살펴보자.

  첫 번째 날, 그림 그리기를 선택한 엄마와 아이들. 그런데 지호는 호시탐탐 엄마의 스마트폰만 노릴 뿐, 그림 그리는 데는 큰 관심이 없어 보인다. 엄마가 언성을 높이면 잠시 제자리로 돌아와 그림을 그리는 시늉을 하다가 금세 스마트폰 게임을 하게 해달라고 조른다. 반대로 엄마 껌딱지인 연지는 이것저것 요구가 많다.

"엄마 나 좀 도와줘. 여기에 별을 그려줘."
"어디에 그려줄까?"
"여기에. 그리고 엄마 그림처럼 하트도 크게 그려줘."

　맞은편에 앉은 엄마의 그림을 슬쩍 보더니 이것저것 그려달라고 조르고, 아예 색깔까지 칠해달라고 칭얼거린다. 그런데 연지의 목소리에 슬금슬금 짜증이 묻어난다. 어느새 색연필을 놓고 그림 그리는 엄마를 지켜보기만 하던 연지가 엄마의 그림이 자신의 성에 차지 않자 투정을 부리기 시작한다. 별의 크기가 작아서, 연지가 좋아하는 색 대신 다른 색을 칠해서, 다양한 이유로 연지의 짜증은 계속됐다. 어느새 그림을 그리는 사람은 엄마 혼자고, 정작 즐겁게 놀아야 할 아이는 한발 물러나 엄마의 그림을 구경만 할 뿐이다.
　이런 상황은 다음 놀이에서도 이어졌다. 사과 껍질을 벗겨주면 아이들이 직접 다양한 모양으로 잘라 먹을 수 있도록 동물 모양의 틀을 준비했지만, 연지의 서툰 손놀림을 보는 엄마는 영 불안하다. 이번에도 연지가 원하는 동물을 말하면 엄마의 손이 대신 움직여 사과를 잘라낸다. 연지는

1. 스스로 놀아야 큰다

또 구경꾼처럼 열심히 움직이는 엄마를 멍하니 바라볼 뿐이다. 그림을 그릴 때도, 동물 모양으로 사과를 자를 때도 놀이의 주체는 연지가 아니라 엄마였다.

두 번째 날, 엄마는 아이들과 놀이터에서 시간을 보내기로 한다. 아파트 단지 안에 있는 놀이터지만, 아이들의 안전을 위해 특별한 일이 없으면 엄마도 함께 놀이터로 향한다. 그네나 미끄럼틀을 타는 아이들을 지켜보며 벤치에 앉아 있는 잠깐 동안이 엄마에겐 놀이에서 벗어날 수 있는 소중한 휴식 시간이다. 그렇게 숨을 돌리는 것도 잠시, 지호와 연지가 친구들과 함께 놀이터 옆에 있는 작은 연못으로 몰려가자 엄마의 휴식도 막을 내린다. 행여 아이들이 물에 빠질까 뒤를 따라다니며 잔소리하던 엄마는 결국 아이들을 데리고 집 안으로 들어간다. 엄마가 보기엔 연못 주변에서 노는 게 너무 위험하다는 이유였다. 놀이터에 놀러 나온 지 꼭 30분 만이다.

세 번째 날, 조금 심각한 상황이 발생한다. 이날 엄마는 점심으로 칼국수를 준비하려고 밀가루 반죽을 하느라 정신이 없었다. 아이들의 촉감 놀이에 밀가루 반죽이 좋다는 이야기를 들은 뒤, 놀이 삼아 종종 만들어 먹는 음식이다. 그런데 아침부터 유달리 보채던 연지가 엄마의 신경을 거슬리기 시작한다. 손을 닦고 오라는 엄마의 말에도 아랑곳하지 않고 반죽을 만지겠다며 싱크대 위로 기어 올라가더니 미끄러져 넘어질 뻔한 것이다. 끝내 엄마의 목소리가 높아지고, 펑펑 울던 연지는 식탁 위의 물건을 집어 던지며 분풀이를 한다. 엄마는 단호하게 야단치고 하던 일을 계속하지만, 이런 상황이 발생할 때마다 어떻게 대처해야 할지 난감할 뿐이다.

"아이를 야단치다 보면 제게 심리적으로 문제가 있지 않은가 하는 생각이 들어요. 화를 내지 않으려고 아이를 혼자 두기도 하는데, 그럼 너무 방관하는 게 아닌가 하는 생각이 들고. 또 달래주다 보면 애가 너무 버릇이 없어지지 않을까 걱정돼요. 어떻게 해야 할지 솔직히 모르겠어요."

인터뷰 도중 엄마는 눈물을 참지 못하고 울먹였다. 문제가 뭔지 알아보기 위해 연지와 함께 외부 환경 적응 검사를 받았는데, 아이 못지않게 엄마의 육아 스트레스가 상당하다는 결과가 나왔다. 놀이를 통해 아이의 일상을 행복하게 채워주고 싶었을 뿐인데, 함께 놀아주는 시간이 엄마에겐 피곤하고 즐겁지 않은 또 하나의 노동이 되어버린 것이다.

관찰 결과
부모의 개입과 놀이성은 반비례한다

잘 놀아주고 싶은 마음과 달리 아이들과의 놀이가 피곤하게만 느껴지는 이유는 무엇일까? 전문가들은 엄마의 지나친 노력과 열정이 놀이의 본질을 해치는 원인이라고 진단했다. 그림 그릴 때의 상황을 다시 한 번 짚어보자. 연지는 그림을 잘 그리고 싶은 욕구가 높은 데 비해 아직 기능적인 발달이 이루어지지 않아 원하는 대로 그림을 그리지 못했다. 그래서 엄마에게 계속 자신이 그리고 싶은 그림을 그려달라고 요구하고, 엄마가 연지의 욕구를 대신 충족시켜주는 상황이 벌어진 것이다. 놀이 전문가 김지연 박사는 이 순간이 가장 문제라고 지적했다.

1. 스스로 놀아야 큰다

"그림을 그리는 상황, 성취 지향적인 상황을 이끌어가야 하니까 엄마에게 일처럼 느껴지는 것입니다. 아이 입장에서는 어떨까요? 아이에게는 본인이 주도하고 본인이 자발적으로 한 게 아니니까 놀이가 아니지요. 엄마와 아이, 둘 다 힘든 상황입니다. 엄마는 엄마대로 힘들고, 아이는 아이대로 지루할 뿐이지요."

나란히 앉아 그림을 그리며 함께 시간을 보냈지만, 함께 놀이를 한 건 아니라는 설명이다. 연지가 자발적으로 선택하고 이끌어간 것이 아니라, 엄마의 놀이를 수동적으로 구경하는 데 머물러 있었기 때문이다. 이런 상황이 계속되면 엄마는 육체적인 피로가 쌓일 뿐이고, 제대로 놀지 못한 아이는 그림에 대한 흥미를 잃기 쉽다. 연지가 떼를 쓰고 자주 짜증을 내는 것도 놀이에 대한 갈증을 제대로 해소하지 못했기 때문이다.

또 다른 문제는 아이들과 놀이를 할 때, 여러 가지 이유로 이것저것 제한하고 엄마가 놀이에 깊숙하게 개입한다는 것이다. 그림 그리는 게 서투르니까 엄마가 대신 그려주고, 혹시 다칠지도 모르니까 사과를 자르는 것도 엄마의 몫이 된다. 놀이터에서도 엄마가 정해놓은 안전 구역 안에서 놀아야 한다. 연못가에서 아이들 스스로 새로운 놀이를 선택하자 엄마는 안전을 이유로 놀이를 중단시켰다. 이런 일이 반복되면 아이들은 스스로 놀이를 시도하려고 하다가도 엄마에게 부탁하게 된다.

부모의 개입이 많아질수록 아이는 놀이에 즐거움을 느끼지 못하고, 그로 인해 놀이성이 발달하지 못하는 결과로 이어지기 쉽다. 부모의 개입과 놀이성은 반비례 관계에 놓여 있다. 놀이 전문가 김지연 박사는 아이의 놀이를 인내하고 기다려줄 수 있는 여유가 필요하다고 조언한다.

"아이가 자발적으로 놀이를 끌어가지 못하면 그게 다 엄마 몫으로 돌아옵니다. 그래서 엄마는 엄마대로 힘들고, 아이는 엄마와의 놀이가 만족스럽지 못한 결과가 빚어지는 겁니다. 놀이의 주체는 아이임을 기억하고, 조금 서툴러도 기다려주세요. 그러면 시도와 실패, 엉뚱한 모험을 지켜보며 기다려줄 수 있는 여유가 필요합니다."

김지연 박사는 또한 놀아주는 것이 아니라 함께 노는 것이 중요하다고 강조했다. 대한민국 부모들이 흔히 저지르는 실수 중 하나가 놀아주겠다는 의욕에 넘쳐서 자신도 모르게 아이의 놀이에 간섭한다는 것이다. 놀이에서 부모의 역할은 아이를 기다리고 지원해주는 사람이어야 한다. 놀이의 권한을 아이에게 부여하고 부모가 아이의 놀이에 참여할 때 비로소 자발적인 놀이가 가능하고 아이의 놀이성도 발달한다.

8.   놀이에서만큼은 아이들이 '갑'이다

유아 교육의 아버지로 불리는 프뢰벨Friedrich Fröbel은 아동 발달의 가장 중요한 요소로 놀이를 꼽으며 놀이 자체의 중요성을 강조했다. 아이가 어릴수록 놀이의 힘은 더 큰 위력을 발휘한다. 아이가 세상에 태어

1. 스스로 놀아야 큰다

나 말보다 먼저 배우는 건 즐거운 것을 찾아내고 끊임없이 탐색하는 능력이다. 아이는 놀면서 자신이 사는 세계와 사물에 대해 배우고, 인간관계를 형성하는 방법을 익힌다. 놀이는 아이들의 생활 그 자체일 뿐 아니라, 한 명의 인간으로서 성장하며 인생의 기초를 닦는 중요한 과정이라 할 수 있다.

놀이의 발달 단계를 살펴보면, 놀이를 통해 어떻게 인간이 사회화되는지 확인할 수 있다. 처음에는 혼자서 놀지만 곧 친구들과 놀잇감은 공유하되 상호작용을 하지 않는 병행 놀이를 하기 시작한다. 각자 옆에서 놀던 아이들은 좀 더 발달하면 누군가와 함께하는 연합 놀이, 그리고 규칙이 있는 협동 놀이를 하기 시작한다. 그런데 아이들이 처음부터 놀이 상대로 또래를 찾는 건 아니다.

아이가 첫 번째 놀이 상대로 만나는 이는 가장 가깝고 안전하다고 느끼는 부모다. 아이들은 부모와의 상호작용을 통해 놀이하는 방법을 배우고 다른 사람과 관계 맺는 방법을 연습한다. 이것을 기초로 자율성과 주도성을 습득하고 또래와 원만하게 놀이를 하게 되는 것이다. 따라서 부모가 놀이에 대해 어떤 생각을 가졌느냐에 따라 아이의 삶 자체가 영향을 받게 되는 셈이다.

그렇다면 우리나라 부모들은 놀이에 대해 어떻게 생각하고 있을까? 육아정책연구소에서 유아와 초등학생을 키우는 부모 706명을 대상으로 설문 조사한 결과, 절반에 육박하는 44.3%가 놀이는 '즐거움과 재미'라고 대답했다. 그리고 '자유'라는 의견이 뒤를 이었고, '창의력과 상상력'이라는 응답이 3위를 차지했다. 대한민국의 많은 부모가 놀이는 즐겁고, 자유롭고, 상상력이 필요한 행위라고 인식하고 있다는 걸 알 수 있다.

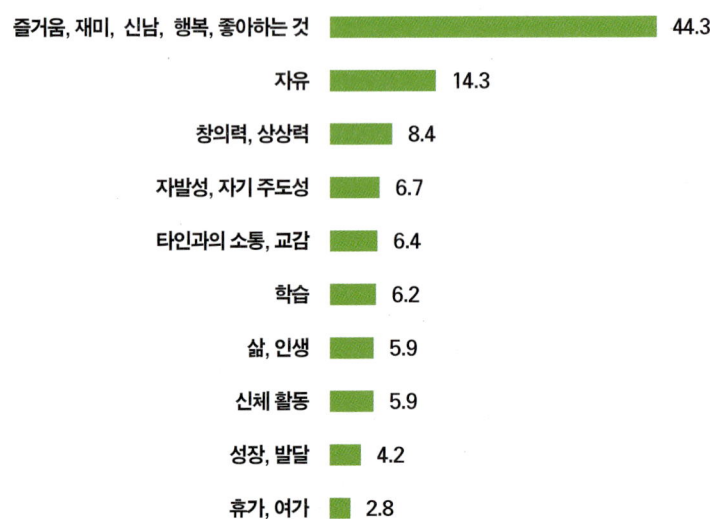

자료: 유아정책연구소, 2017

　부모라면 누구나 자기 자식에게 좋은 교육 환경을 만들어주기 위해 최선을 다한다. 놀이가 가진 힘이 주목 받으면서 아이들의 인지 발달과 정서에 도움이 되는 놀이를 시도하는 부모가 늘고 있다는 반가운 소식도 들려온다. 그런데 아이들과 놀기에 앞서 부모들이 명심해야 하는 게 한 가지 있다.

　놀이를 하면서 새로운 개념과 학습을 주입하려고 하거나, 부모가 먼저 놀이 계획을 세운 후 아이에게 제안하거나, 아이들이 좋아할 법한 놀잇감과 환경을 만들어 부모의 목표에 집중시키려 한다면 부모가 놀이에서 갑

1. 스스로 놀아야 큰다

의 위치에 서게 된다. 시간을 쪼개 아이들과 놀아줬기 때문에 부모로서 자신의 역할을 다 했다고 만족할 수는 있지만, 아이들에게 진짜 놀이를 선물했다고는 말하기 어렵다.

놀이의 주도권을 빼앗긴 아이는 놀이 자체에 흥미를 잃기 쉽다. 부모가 원하는 놀이를 반복해서 하다 보면, 아이의 놀이 수준이 낮아져 부모의 놀이를 이해하기 어려워지기 때문이다. 아이와의 놀이에서 흥미를 느끼지 못해 부모가 새로운 놀이를 제안하거나 놀이를 중단시키는 경우도 많다. 놀고 싶은 욕구를 충족시키기 위해 아이는 순순히 부모의 제안을 따르지만, 그 놀이에서 자발적인 즐거움을 느끼기는 어렵다.

놀이의 계획과 시작, 선택과 진행, 끝남과 재시작 등 모든 과정의 결정을 아이가 내릴 때 진짜 놀이가 된다. 놀이에서는 부모나 어른이 아니라 아이가 '갑'이 되어야 한다. 놀이 안에서는 현재와 상상이 마구 오가고, 실패와 성공이 그리 중요하지 않다. 놀이는 즐겁고 자유롭고 자발적인 것이기 때문이다. 아이들이 끊임없이 놀고 또 놀아도 다시 놀 기운이 생기고, 끊임없이 놀고 싶어 하며, 무한한 내적 동기와 긍정 에너지로 몰입할 수 있는 것이 진짜 놀이다.

● 아이에게 놀이의 주도권을 돌려주는 방법

놀이 안에서 배움을 추구했던 열혈 놀이 고수 지음이 아빠와 아이의 발달 과정에 대한 이해 부족으로 놀이가 지루하기만 했던 연재 엄마, 놀이에서 아이의 역할을 대신하느라 지쳐 놀이가 버겁고 힘들었던 연지 엄마까지 세 가족이 모였다. 아이들과 어떻게 놀아줘야 할지 놀이 전문가 김지연 박사와 함께 실질적인 방법을 고민해보기로 한 것이다.

  놀이에 접근하는 방식도, 그리고 놀이를 하면서 겪은 어려움도 각각 달랐지만 세 명의 엄마 아빠에게는 공통점이 하나 있었다. 놀이의 주도권이 아이가 아니라 부모에게 있었다는 것이다. 아이들과 함께 노는 게 아니라 부모가 놀이를 진두지휘하며 놀아주려 했기 때문에 문제가 발생했다. 그렇다면 어떻게 해야 아이에게 놀이의 주도권을 돌려주고 진짜 놀이를 되찾아줄 수 있을까?

1. 아이의 놀이에 동참하라

  부모가 선택하고 계획한 놀이에 아이를 끌어들이는 것이 아니라 아이가 원하는 놀이에 부모가 동참하는 것이 중요하다. 놀이 안에서 역할을 정하는 것도 아이 몫이어야 한다. 예를 들어, 시장 놀이를 할 때 누가 주인이고 누가 손님이 될지 아이가 결정하도록 기회를 줘야 한다. 이렇게 아이가 원하는 대로 놀이를 이끌어가고 부모가 적극적으로 동참할 때, 아이는 자신의 놀이가 인정받는다는 성취감을 느낀다. 설사 아이가 놀이에 서툴러서 잘 이끌지 못하더라도 조바심을 내거나 부모가 끼어드는 상황은 바람직하지 못하다. 부모가 조금만 기다려주면 아이들은 스스로 놀이를 발전시키고, 더 많은 놀이 경험을 만들어 나간다.

2. 의도가 담긴 놀이는 배제한다

놀이에 단순한 즐거움이 아니라 교육하고 가르쳐야 한다는 또 다른 목적이 존재하면 진짜 놀이가 될 수 없다. 놀이가 학습 수단으로 사용될 경우, 부모는 지시하거나 아이들의 말을 들어주는 척하다가도 결국 부모의 의견대로 이끌어가는 모습을 보이게 된다. 학습을 목표로 한 놀이는 결국 반드시 수행해야 하는 과제일 뿐이다. 놀이는 자발적인 상호작용이 이루어질 때 가능하다. 아이가 스스로 즐거움을 찾아냈을 때 더 잘 받아들이고 머릿속에도 오래 저장된다. 부모의 욕심과 의도를 걷어내고, 아이의 놀이를 그 자체로 인정하는 것이 무엇보다 중요하다.

3. 자유 놀이 시간을 확보해준다

부모들은 습관적으로 아이의 시간을 항상 무언가로 채우려 든다. 비어 있는 시간, 아무것도 안 해도 되는 시간은 낭비라고 생각하기 때문이다. 아이들이 심심하다고 조르면 보통 부모들은 아이에게 "우리 ○○ 할까?"라며 먼저 놀이를 제안하기 마련이다. 하지만 바로 이 심심한 시간이야말로 아이들이 진짜 놀이를 시도할 수 있는 출발점이라는 것을 기억해야 한다. 무언가 해주려고 애쓰는 대신 아이가 먼저 놀이를 생각할 때까지 여유를 갖고 기다리는 것이 중요하다. 그리고 아이의 놀이에 즐겁게 호응하면서 놀이의 모든 과정에서 아이가 내리는 결정에 따라가주기만 하면 된다. 놀이의 주도권은 언제나 아이에게 있어야 하기 때문이다.

정보

놀이가 발달에 미치는 영향

1. 신체 발달

신체 활동을 통해 몸을 움직이면 대근육과 소근육이 발달한다. 아이가 다칠 것 같다는 생각에 아이의 움직임을 지나치게 제한할 경우, 신체 발달이 원활하게 이뤄지기 힘들다. 신체 활동을 제한하기보다는 안전한 환경을 만들어주려고 노력한다.

2. 정서 발달

언어 능력이 부족한 아이들에게 놀이는 자신을 표현할 수 있는 효과적인 수단이다. 놀이를 하는 과정에서 자신의 감정을 자연스럽게 부모에게 전달하고, 이를 통해 자신의 내면적 갈등이나 욕구를 해소하면서 정서적인 안정감을 느끼게 된다.

3. 사회성 발달

놀이는 혼자 할 수도 있지만, 대부분 특정 대상과 함께하는 경우가 많다. 이렇게 누군가와 함께 논 경험을 통해 아이들은 새로운 대인관계를 형성하고, 자신의 감정을 적절히 다스리는 방법을 배운다.

4. 인지 발달

다양한 형태와 질감, 크기, 색채를 가진 놀잇감을 가지고 놀면서 사물의 개념을 인식하고 주변 환경을 이해한다. 블록이나 점토로 여러 가지 형태를 구성하는 놀이는 상상력과 창의력을 길러주며 어려운 문제를 탐구하고 해결해 나가는 능력을 키워준다.

5. 자존감

놀이는 가장 안전하게 실패를 경험할 수 있는 과정이다. 아이들은 놀면서 다양한 문제를 해결하고, 실패해도 성공할 때까지 즐거운 마음으로 다시 도전한다. 놀이를 통해 실패를 딛고 일어선 경험은 아이가 자신에 대한 믿음과 자신감을 느낄 수 있게 해준다.

놀이상담실

Q. 아이의 생활 습관 중 바로잡아주고 싶은 것이 있습니다. 이런 경우도 놀이를 할 때처럼 아이가 자발적으로 깨달을 때까지 기다려야 하는지 혼란스럽습니다.

A. 우리나라 부모들이 가장 어려워하는 것 중 하나가 '지금은 놀이하는 시간이야' 혹은 '밥을 먹어야 할 시간이야' 이렇게 생활을 구분 짓는 것입니다. 그러다 보니 습관을 들일 때는 놀이처럼 하고, 놀이를 할 때 오히려 습관을 들이는 것처럼 거꾸로 행동하는 경우가 많습니다. 아이들과 놀이를 할 때 아이 스스로 선택하도록 해줘야 한다는 것을 버릇과 연결 지어 생각하는 경향이 있어서 이런 문제가 발생하는 것 같습니다.

그런데 놀이와 일상은 좀 다릅니다. 일상에서 지켜야 할 기본적인 규칙은 명확히 구분해줄 필요가 있습니다. 예를 들어, 이를 닦는 것은 아이가 주도성을 가지고 선택할 문제가 아닙니다. 꼭 해야 하는 일과이지요. 새로운 것을 경험할 때, 습관을 들일 때, 놀이를 할 때 이 세 가지 상황에 대처하는 방법이 완전히 달라야 합니다.

계속 놀이를 하는 아이를 보면서 '아이가 노는 데 익숙해져서 공부를 안 하면 어떡하지?' '버릇이 나빠지지 않을까?' 하는 불안감을

1. 스스로 놀아야 큰다

느끼는 분도 많습니다. 하지만 아이가 놀 때는 놀이에 집중할 수 있도록 훈육하고 싶은 마음을 참아야 합니다.

습관을 가르칠 때는, 교육 목표가 무엇인지 고민하고 가장 중요한 것 하나를 결정해야 합니다. 예를 들어, 아이가 지각하지 않고 등교하는 것을 목표로 정했다면 "밥을 너무 천천히 먹는 거 아니니?" "TV 보면서 밥 먹는 습관은 고쳐야 해" 같은 다른 잔소리는 하지 않는 게 좋습니다. 한 가지 상황에 너무 많은 교육 목표를 적용시킨다면 하나도 제대로 전달하기 어렵습니다. 학교에 늦지 않도록 서두르라는 하나의 메시지만 분명하게 전달하는 것으로 충분합니다. 마찬가지로 만약 아이가 책상 앞에서 10분 앉아서 공부하는 것을 교육 목표로 정했다면, 자세가 올바르지 않거나 글씨를 성의 없게 쓰더라도 모르는 척하세요. 그래야 부모가 무엇을 가르치려고 하는지 아이가 정확하게 이해할 수 있기 때문입니다.

Q. 아이가 놀면서 어지른 장난감으로 거실이 늘 지저분합니다. 아무리 정리하라고 해도 소용없어요. 아이가 놀 때 옆에서 바로바로 치우려고 하는데 매일 이런 상황이 반복되니까 지치고 힘듭니다. 어떻게 해야 할까요?

A. 놀이는 아이들이 세상을 배우는 가장 기본적인 방법입니다. 놀이의 가장 중요한 특징 중 하나가 정해진 틀이 없으며 놀라운 상상력을

발휘해 엄청나게 확장되기도 한다는 것입니다. 잔뜩 늘어놓은 장난감을 보면서 아까 놀던 것들이 생각나서 다시 놀이를 이어가기도 하고, 다른 놀이로 변형하기도 합니다. 그런데 만약 부모가 아이 옆에서 자꾸 장난감을 치운다면 어떻게 될까요?

한 가지 놀이를 하고 나서 정리한 뒤 다음 놀이를 이어가려고 하면 놀이의 흐름이 끊길 수 있습니다. 아이가 어릴수록 한 가지에 집중하는 시간은 짧습니다. 갑자기 다른 놀이가 생각나서 다른 곳으로 갈 수도 있고, 다시 돌아와 예전의 놀이를 이어서 할 수도 있습니다. 그런데 엄마가 바로바로 장난감을 정리해버린다면 아이의 놀이가 제한받게 됩니다.

정리정돈은 아이가 실컷 놀고 나서 가장 마지막에 하는 것이 좋습니다. 이때 엄마가 정리하는 것을 돕게 하거나, 아이가 치워야 할 범위를 정해 그 부분만 정리하게 하면 습관을 들이는 데 도움이 됩니다.

1. 스스로 놀아야 큰다

9. **스스로 놀 줄 아는 아이가 삶을 주도한다**

　　　　　아이들의 놀이에는 어른들이 상상하는 것 이상의 세계가 담겨 있다. 많은 부모의 바람처럼 놀이를 통해 숫자를 배우고 글을 깨우치는 것이 아니다. 아이들에게 놀이란 세상을 탐색하고 삶의 해답을 찾아가는 과정이다. 아이들이 진짜 놀이를 찾아야 하는 이유가 바로 여기에 있다. 제대로 놀지 못한 아이는 경험을 통해 세상을 배울 기회를 잃어버리는 셈이다.

　시장 놀이를 하는 아이는 상인과 손님으로 역할을 나누어 놀면서 시장이라는 작은 세상에서 이루어지는 언어와 행동들을 배운다. 아이들이 좋아하는 소꿉놀이나 병원 놀이도 마찬가지다. 놀이 안에서 환자를 진료하고 요리를 해보는 가상의 경험은 자신도 어른처럼 할 수 있다는 만족감을 선사한다.

"아이들은 특히 역할 놀이를 할 때 자신의 활동을 더 잘 통제하고 해야 할 과제에 더욱 집중한다는 연구 결과가 있어요. 본인의 모습으로 있을 때보다 역할극 안에서 더 적극적인 사람이 되는 겁니다. 아이들 자신이 원하는 행위를 하는 것이 아니라 그들이 맡은 역할이 원하는 행위를 하기 때문입니다. 그리고 각자의 역할을 연기하며 감정을 조절하는 법을 배우기도 합니다."

케임브리지대학 놀이발달연구소 데이비드 화이트브레드 소장은 역할 놀이가 아이들의 사회성을 발달시키고 유능감을 느끼게 해준다고 설명한다. 유능감은 아무리 어려운 일이라도 해낼 수 있다고 자기 자신을 믿는 능력을 말한다. 유능감이 풍부한 아이는 설사 실패하고 어려움을 겪게 되더라도 결코 실망하거나 포기하지 않는다. 자신에 대한 확신이 강한 아이는 어떤 일이 주어질 때 흥미와 호기심을 갖고 주저 없이 시작하는 반면 유능감이 부족한 아이는 실패를 두려워하는 마음이 앞서 머뭇거린다.

처음 자전거를 탈 때 아이들은 넘어지기도 하고 비틀거리기도 하지만 결국 앞으로 나아가는 방법을 배운다. 이 과정에서 아이의 내면에는 앞으로 연습만 하면 자신이 자전거를 더 잘 탈 수 있을 거라는 자신감이 싹튼다. 유능감이 생기는 것이다. 그런데 유능감이 부족한 아이는 자전거를 탈 때도 오랫동안 망설이고 행여 넘어지기라도 하면 금방 포기한다.

어린 시절에 형성된 유능감은 아이의 인생 전반에 걸쳐 커다란 영향을 미친다. 자신이 가치 있고 유능한 사람이라는 믿음은 자신감과 더불어 아이의 내적 동기를 유발하는 중요한 요인 중 하나다. 유능감을 통해 아이는 어떤 역경에도 포기하지 않는 뚝심과 긍정적인 마음, 실패를 딛고 일어서는 힘을 갖게 된다.

1. 스스로 놀아야 큰다

정보
자기 주도적인 놀이를 돕는 진짜 장난감

아이들의 놀이에서 빠질 수 없는 또 하나의 요소가 바로 장난감이다. 장난감은 아이들의 놀이를 보다 풍부하게 만들고 즐겁게 놀도록 도와주는 매개체다. 장난감은 아이들의 놀이에 어떤 영향을 끼칠까?

국어사전을 보면, 장난감은 '아이들이 가지고 노는 여러 가지 물건'이라고 정의돼 있다. 거꾸로 생각하면 아이들이 가지고 놀 수 있는 모든 것이 장난감이라고 할 수 있다.

집 안을 온통 장난감이 점령하고 있는데도 새로 나온 장난감을 사달라고 조르는 아이를 달래는 건 부모라면 누구나 한 번쯤 해봤을 경험이 아닐까? 하지만 막상 새 장난감을 사줘도 아이는 금방 흥미를 잃고 또 다른 것을 사달라고 떼를 쓴다.

장난감이 풍족하지 못했던 시절, 아이들은 자연에서 놀잇감을 찾았다. 작은 돌멩이를 주워 모아 공기놀이를 하거나, 깨진 접시에 흙 밥과 풀로 만든 반찬을 차리며 소꿉놀이를 했다. 갖고 싶은 인형을 손에 넣기 위해 며칠씩 엄마를 조르는 건 요즘 아이들과 마찬가지였지만, 그 당시 아이들이 애지중지했던 인형과 장난감들을 살펴보면 품질이 조악해 보일 정도다. 그때와 비교하면 요즘은 첨단 기술을 접목한 정교한 장난감들이 아이들의 시선을 사로잡는다. 집을 그대로 줄여놓은 것 같은 주방놀이 세트와 영화 속 캐릭터를 그대로 옮겨놓은 듯한 로봇까지 정말 격세지감이 느껴진다.

장난감이 많아진 만큼 아이들의 놀이도 풍성해졌을까? 대답은 '아니오'다. 문제는 장난감이 없으면 어떻게 놀 줄 모르는 아이들이 늘고 있다는 것이다. 놀이의 주체가 아이가 아니라 장난감이 되어버린 셈이다. 장난감 의존증은 아이보다 부모들이 더 심하다는 지적도 있다. 아이와 놀아주지 못하는 미안함을 장난감을 사주는 것으로 대신하려 하거나, 인지 발달이니 창의력 계발이니 하는 교육적 목적을 기대하는 경우도 어렵지 않게 찾아볼 수 있다.

좋은 장난감은 아이의 흥미를 자극하고 결국 놀이로 이어지도록 호기심을 유발해야 한다. 또 그 놀이가 지루하지 않고 즐거워서 오랜 시간 할 수 있어야 한다. 20세기 최고의 놀이학자로 손꼽히는 브라이언 서튼 스미스Brian Sutton-Smith 펜실베니아대학University of Pennsylvaina 교수는 익숙한 장난감이야말로 가장 좋은 장난감이라고 강조했다. 새로운 장난감을 갖고 조심스럽게 노는 것보다 익숙한 장난감으로 반복해서 놀 때 아이들의 창의성은 쑥쑥 자란다.

요즘 아이들이 좋아하는 변신 로봇이나 주방놀이 세트처럼 처음 봤을 때 용도가 바로 떠오르는 완성형 장난감도 좋은 장난감이라고 할 수 없다. 장난감의 의도가 한눈에 보이는 경우 아이들의 호기심을 자극하기 어렵고, 목적이 명확해서 놀이 자체가 단조로워질 가능성이 크기 때문이다. 전문가들은 목적 없는 개방적인 놀잇감을 추천한다. 물과 모래, 종이 상자처럼 단순한 형태의 놀잇감을 마주했을 때 아이들은 생각하고, 적용하고, 자신만의 세계를 만들어간다.

10.   놀이 속에서 해답을 찾는 아이들

서울 도심 한복판, 이른 아침부터 꼬마 상인들로 분주하다. 아이들은 삼삼오오 모여 난전을 펼치고, 오늘 판매할 물건들을 전시하기 시작한다. 오늘은 상품 기획부터 제작까지 모두 초등학생들의 손으로 만들어진 어린이 마켓이 열리는 날이다. 수제 쿠키나 장신구들도 눈에 띄지만, 가장 많이 들고 온 품목은 직접 만든 장난감과 놀이기구다.

"어벤저스 영화에 나왔던 건틀렛 한 번 끼워보세요."

호객 행위에도 적극적인 꼬마 상인들은 종이접기 놀이를 판매 중이다. 영화에서 악당이 세계의 절반을 통으로 날려버린 무시무시한 무기를, 아이들은 알록달록한 색종이로 그럴듯하게 만들어냈다. 나무젓가락으로 만든 총을 이용한 사격 게임도 남자아이들은 줄을 서서 이용할 정도로 인기. 버려진 종이 상자를 연결해서 만든 미로 놀이부터 폐품을 오려서 만든 축구 게임까지 세련되거나 견고하지는 않지만, 아이들의 톡톡 튀는 아이디어와 기발함이 돋보인다.

손님들의 반응도 폭발적이다. 평소 갖고 놀던 장난감이나 게임기에 비하면 초라하고 볼품없는 놀잇감이지만, 완성형 장난감에서는 찾아보기 힘든 또래 친구들의 상상력이 아이들의 눈에는 새롭고 즐거워 보인 것이다. 생전 처음 보는 형태의 놀잇감 앞에서 용도와 이용 방법을 추리해보는 과정도 아이들에게는 색다른 경험이다. 아이들이 직접 상상하고 만든

1. 스스로 놀아야 큰다

놀잇감이 가득한 어린이 마켓은 비정기적으로 열리지만, 때마다 찾아오는 단골까지 생길 만큼 입소문을 타고 있다.

그런데 아이들은 왜 장난감들을 만들어 팔기 시작했을까?

이날 어린이 손님들 사이에서 가장 인기를 끈 놀잇감은 볼링이었다. 초등학교 1학년인 정우가 종이 상자를 길게 이어붙여 만든 레일 위에 볼링핀 대신 종이를 둘둘 감은 원통에 실을 매달아서 세운다. 손님이 볼링을 치고 싶어 할 때마다 정우가 실을 들고 볼링핀을 세워야만 하는 원시적인 구조이지만, 무려 일주일 동안 심혈을 기울여 아이디어를 내고 도안을 그려 만든 작품이다. 매번 기발한 놀잇감을 만들어 오는 정우가 바로 어린이 마켓을 탄생시킨 주인공이다.

시장 놀이를 하고 싶다고 엄마에게 처음 말을 꺼낸 게 2년여 전. 엄마는 시장 놀이 장난감을 사주는 대신 정우와 누나 지안이의 손을 잡고 동네 놀이터로 향했다. 그리고 사과 상자를 펼쳐 자리를 잡은 뒤 가게를 꾸미기 시작했다. 사용하지 않는 문구류며 책부터 정우가 버려진 종이 상자로 짬짬이 만들어둔 놀잇감까지, 팔고 싶은 물건도 아이들이 직접 골랐다. 처음에는 호기심에 와서 구경하고 물건을 사던 정우의 동네 친구들도 다음에는 자기 물건을 직접 들고 나와 물물교환을 하기 시작했다. 그렇게 정우와 누나 지안이의 시장 놀이에 친구들이 하나둘씩 참가하면서 지금의 어린이 마켓으로 확장된 것이다.

시장 놀이를 하면서 단순히 재미만 느낀 것이 아니다. 평소 종이 상자를 이용해 무언가를 만들기 좋아하는 정우는 자신이 만든 놀잇감에 친구들이 관심을 보이고 좋아하는 모습을 보면서 뿌듯하고 즐거운 성취감도 얻을 수 있었다. 정우는 오늘도 새로운 놀잇감을 만들기 위해 더 연구하고 노력하고 있다. 친구들과의 상호작용이 정우에게는 놀이에 대한 좋은 자극이 되어준 것이다.

1. 스스로 놀아야 큰다

덕분에 정우는 장난감 가게보다 아파트 단지의 폐품 처리장에 가는 것을 더 좋아한다. 그곳에 버려진 종이 상자들은 정우가 새로운 놀잇감을 만들어내는 원천이다. 재활용 쓰레기로 배출된 상자는 상태도 크기도 제각각. 그중 쓸 만한 상자를 골라 집으로 돌아가면 그때부터 고민이 시작된다. 과연 이 상자들을 이용해 무엇을 만들지 머릿속으로 설계도를 그려보는 것이다. 정우의 놀이는 이렇게 시작된다. 엄마는 상자의 찢어진 부분을 붙여주거나 정리하는 걸 도와줄 뿐, 무엇을 어떻게 만들지 선택하는 건 전적으로 아이들의 몫이다.

이날은 말 그대로 봉 잡은 날이었다. 누나와 정우 둘이 들어가도 넉넉한 커다란 상자를 주워 온 것이다. 엉금엉금 기어서 상자 안으로 들어가기만 했을 뿐인데, 아이들은 커다란 웃음을 터뜨린다. 누군가에게는 쓸모없는 상자가 정우와 누나에겐 세상에서 가장 재미있는 장난감으로 재탄

생한다. 한참 동안 상자에서 놀던 누나 지안이가 고심 끝에 지붕이 열리는 집을 만들자는 의견을 내놓았다. 어떤 집이 완성될지는 아이들 자신도 알지 못한다. 만들어가는 과정에 수없이 설계도가 달라지기 때문에 나중에는 집이 아닌 다른 무언가가 만들어질 수도 있다.

출입구에 문 대신 커튼을 붙이기로 한 지안이가 엄마에게 도움을 요청한다. 칼이나 날카로운 도구를 써야 할 때는 다칠 수도 있어서 엄마와 함께 작업한다. 하지만 엄마의 역할은 딱 여기까지다. 엄마는 한발 물러나 아이들의 놀이를 지켜보고 원활하게 진행되도록 도울 뿐이다.

그런데 시작부터 작은 문제가 하나 발생했다. 커튼을 붙이고 나면, 지붕이 잘 열리지 않았던 것. 이때도 엄마는 해결책을 찾아주거나 개입하는 대신 아이들에게 계속 질문을 던질 뿐이다. "천장이 열리게 하려면 어떻게 해야 될까? 이 문제를 해결해야 커튼을 달 수 있을 것 같은데?"

대답을 찾은 건 동생인 정우. 정우의 말대로 지붕과 커튼이 맞닿는 자리에 다른 종이를 대니 지붕도 열리고 커튼도 문제없이 달 수 있었다. 이처럼 모양을 바꾸기 쉬운 종이 상자는 과정마다 수없이 많은 질문과 문제를 제시했다. 아이들은 스스로 해답을 찾아가며 자신만의 놀이를 만들었다.

지안이가 문제를 해결하고 열심히 집을 만들어가는 동안, 정우는 새로운 난관에 부딪혔다. 할머니 댁에서 본 샹들리에를 만들기 시작했는데, 균형이 제대로 잡히지 않아 자꾸 한쪽으로 기울어지는 것이다. 예상치 못한 실패에 속이 상했는지 정우가 자기 방으로 들어가지만 엄마는 달래지도 다독이지도 않는다. 과연 굳게 닫힌 방문 너머에서 정우는 무엇을 하고 있을까?

잔뜩 풀 죽은 모습일 것으로 생각했는데 조용히 방문을 열고 들어가보자 인터넷 사이트를 검색하며 다른 사람들이 만든 샹들리에를 살펴보는 정우를 발견할 수 있었다. 정우의 놀이는 아직 실패도, 포기도 하지 않은 채 계속되고 있었다. 마침내 다시 거실로 나온 정우는 멋진 샹들리에를 만들어 천장에 거는 데 성공했다. 이렇듯 놀이를 통해 다양한 문제를 해결한 경험은 정우가 실패를 딛고 일어설 수 있는 힘이 돼주었다.

놀이는 가장 안전하게 실패를 경험할 수 있는 과정이다. 스스로 놀이를 계획하고 이끌어가는데 익숙한 아이들은 실패를 받아들이는 자세부터 다르다. 언제든 다시 할 수 있다는 자신에 대한 믿음과 함께 실패해도 다시 도전할 수 있는 용기를 가지고 있다. 학습 결과에 따라 좌절하거나 실망하지도 않았다. 놀이를 즐기는 과정에서 자존감 높은 아이로 성장하는 것이다.

● **자존감을 키워주는 부모의 놀이 철학**

이나연 씨가 아이들과 본격적으로 놀기 시작한 건 5년 전, 정우가 세 살 되던 해부터다. 사실 첫 아이를 낳았을 때는 다른 엄마들이 그랬던 것처럼 문화센터도 열심히 다니고, 연령대에 꼭 필요하다고 소문난 장난감도 빠짐없이 사들였다. 그 무렵에는 아이들의 조기 교육에도 관심이 많아서 학원도 열심히 알아보는 극성 엄마였다. 하지만 아이들은 엄마의 노력을 알아주지 않았다. 문화센터 놀이교실에 가서도 선생님과 놀지 않고 구석에서 엉뚱한 장난을 치거나, 발레 학원에선 혼자 가만히 앉

아만 있어 애를 태웠다. 놀이에서 즐거움을 찾지 못했던 정우와 지안이, 그리고 그 시간이 안타깝기만 했던 엄마. 그래서 결심했다. 아이들과 함께 정말 원 없이 놀아보자고.

그때부터 정말 열심히 놀았다. 이나연 씨는 아이들의 놀이에 격려와 응원을 아끼지 않았다. 아이들이 무엇을 시도하든 "안 돼"라고 말하는 대신 함께 방법을 찾았다. 정우가 지금도 가장 즐거웠던 놀이로 손꼽는 국수 가게도 그렇게 만들어졌다. 커다란 냉장고 상자에 아이들이 삐뚤빼뚤 쓴 글씨로 간판을 달고 그림을 그려 넣어 국수 가게를 꾸몄다. 정우의 국수 가게에 놀러 온 친구들에게 100원씩 받고 컵라면을 팔기도 했다. 그날 아이들은 국수 가게 주인으로 즐거운 하루를 보냈다.

이나연 씨가 놀이의 가장 중요한 원칙으로 첫손에 꼽는 것은 놀이는 아이들이 이끌어야 한다는 것이었다. 이나연 씨는 엄마가 원하는 방향으로

1. 스스로 놀아야 큰다

시작한 놀이는 오랫동안 지속하기 어렵다는 것을 깨닫고, 아이가 원하는 것을 선택하고 놀이를 확장할 수 있도록 돕는 방법을 선택했다. 놀이에 있어 부모의 역할은 생각보다 크거나 거창하지 않았다. 아이들이 놀이를 지루해하거나 아이디어가 막힌 것 같으면 조금 다른 관점에서 화두를 하나 던져주며 잘할 수 있을 거라고 아이들의 놀이를 격려해주는 것으로 충분했다. 아이들이 얼마든지 스스로 놀이를 해나갈 수 있을 거라는 엄마의 믿음을 보여준 것이다.

"놀이의 물꼬는 철저히 아이의 관심사에서 시작해야 돼요. 지안이는 인형 놀이를 좋아하고, 정우는 자동차에 관심이 많았어요. 그래서 집과 자동차에서 놀이를 시작했죠. 자동차를 타고 나가려면 길이 있어야 하니까 테이프를 방바닥에 붙여서 길을 표시했어요. 이렇게 만들어진 길

위에 아이들이 마트를 짓고 식당을 만들고, 그렇게 도시를 만들어가는 놀이를 굉장히 많이 했어요. 아이들이 순간순간 자기가 관심 있고 좋아하는 것들로 이야기를 만들어가고, 그렇게 놀이가 확장돼서 영화관이나 병원에서 역할 놀이가 이루어지기도 했어요."

아이들은 아파트 폐품 처리장에서 주위 온 빈 상자로 도시를 꾸미기 시작했다. 기성 장난감은 아이들이 원하는 형태로 변형시키는 게 쉽지 않지만, 빈 상자로는 가위와 풀만 있으면 무엇이든 만들 수 있었다. 가위로 오리는 게 쉽지 않으면 찢어도 되고, 크레파스나 물감으로 마음대로 건물을 장식할 수도 있었다. 무엇보다 엄마의 도움이 없어도 아이들이 마음대로 가지고 놀 수 있으니 자기 주도적으로 놀기에 이보다 더 좋은 장난감은 없다고 이나연 씨는 말했다.

1. 스스로 놀아야 큰다

 용도가 확실한 완성형 장난감을 가지고 놀 경우, 기존에 가진 목적에서 크게 벗어나지 않는 역할 놀이가 주로 이루어진다. 하지만 버려진 종이상자는 아이들에게 무한한 가능성과 상상력을 허락했다. 아이들의 힘으

매번 엄마가 지시를 주면 10년 뒤에도 저는
그 옆에 붙어서 지시를 줘야 하거든요

로도 무엇이든 만들어낼 수 있어 놀이를 더 깊이 있고 다양하게 만들어주는 최고의 장난감이었다. 문제가 발생했을 때 아이들이 순간순간 어떻게 대처하고 어떻게 해결해 나가는지 지켜보는 것도 놀이를 통해 엄마가 얻은 즐거움이었다.

이렇게 딱 10년만 함께 놀자는 것이 당시 엄마의 목표였다. 보람이 큰 만큼 육체적으로는 힘든 육아에서 10년쯤 뒤에는 벗어나날 수 있지 않을까 생각한 것이다. 그러기 위해선 무엇보다 아이들이 스스로 놀이를 계획하고 이끌어가는 법을 알아야 했다.

"10년쯤 지나면 엄마가 일일이 가르쳐주지 않아도 알아서 놀 수 있지 않을까 그때는 막연히 그렇게 생각했어요. 그런데 아이들도 자기가 뭘 좋아하고 뭘 싫어하는지 놀아봐야 알 수 있지 않을까요? 놀이를 시작

1. 스스로 놀아야 큰다

했을 때 그걸 아이들이 발전시켜야지 엄마가 매번 방향을 제시해줘야 하면 10년 뒤에도 저는 옆에서 계속 아이들을 지켜봐야 할 것 같다는 생각이 들었어요. 아이들은 엄마와 함께 사는 시간보다 자기들끼리 살아가야 할 시간이 더 많잖아요. 아이들이 스스로 살아갈 수 있게끔 해주는 게 부모의 역할이라고 생각해요."

아이들이 자신의 삶을 스스로 선택하고 이끌어 나가기를 바란다는 이나연 씨. 엄마는 자신이 살아온 경험을 바탕으로 아이들이 살아갈 방향을 정해주어선 안 된다고 생각했다. 그래서 놀이의 주도권도 아이들에게 있어야 한다고 믿었다. 이런 마음으로 다소 서툴고 실수도 하지만 아이들이 스스로 놀이를 이끌어 나가는 모습을 지켜보면서 아이들의 마음을 이해하고 성향을 파악할 수 있었다.

물론 처음엔 불안했다. 다른 아이들처럼 학원을 보내 선행학습을 시켜야 하지 않을까 하는 조바심에 잠을 이루지 못한 적도 있었다. 하지만 공부할 때는 잘 보이지 않았던 아이들의 개성이 함께 놀면서 한껏 드러나는 것을 보며 놀이의 경험이 아이가 스스로 자신이 원하는 삶을 찾을 수 있도록 돕는 지도가 되어줄 것이라고 믿게 되었다.

이나연 씨는 정우와 지안이 남매가 화분에 담긴 씨앗 같다고 말했다.

"아이를 키운다는 것은 씨앗이 심긴 화분을 선물 받은 것 같다고 생각해요. 화분에 심긴 씨가 뭔지 모르는 상태에서 함부로 물을 주고 햇볕을 쬐어주면 안 되잖아요. 엄마로서 하는 제 모든 행동이 아이들이 가진 가능성을 섣부르게 건드려서 보잘것없게 만드는 건 아닐까 고민도 많이 했어요. 그런데 아이들은 놀이를 통해서 자기 화분 안에 어떤 씨앗이 심겨 있는지 자기를 드러내 보여주더라고요. 이제는 이 아이들이 자기 색깔을 보여주길 기다리고 그것을 어떻게 하면 더 키울 수 있을까 고민하고 있어요."

이나연 씨는 놀이를 통해 그동안 미처 몰랐던 아이들의 새로운 모습을 발견할 수 있었다고 고백한다. 아이들은 생각지도 못했던 새로운 놀이를 제안하기도 하고 문제 상황에서 기발한 해결책을 내놓기도 했다. 그동안 알지 못했던 아이들의 관심사나 재능을 확인할 수도 있었다. 아직도 아이들에게 궁금한 게 많은 엄마는 앞으로도 오랫동안 아이들의 놀이에 격려와 응원을 아끼지 않을 예정이다.

1. 스스로 놀아야 큰다

정보

변화무쌍한 장난감이 진짜 놀이로 안내한다

과연 아이들의 진짜 놀이에 필요한 장난감은 무엇일까? 전문가들이 추천하는 건 구조성이 낮은 재료로 된 놀잇감이다. 가지고 노는 사람에 따라 쉽게 변형되고, 놀이 방법도 수시로 달라질 수 있는 놀잇감을 말하는데 점토와 모래, 신문지, 나뭇잎, 물 등이 이에 속한다.

구조성이 높은 캐릭터 인형이나 주방놀이 장난감은 놀이의 주제를 한정시키는 데 비해 모래나 신문지처럼 구조성이 낮은 놀잇감은 소재와 성질이 변화무쌍해서 아이에 따라 열이면 열 각기 다른 방법으로 가지고 논다.

놀잇감에 불확실성 요소가 많이 포함돼 있을 때 아이들의 호기심과 창의력은 자극을 받는다. 놀이 방법과 목적이 명확하게 정해져 있지 않은 구조성 낮은 놀잇감들이 아이가 주도적이고 자발적인 놀이를 할 수 있도록 돕는 것이다.

정보
상호작용을 방해하는 나쁜 장난감

아이들은 장난감을 이용해 타협하고 양보하는 법을 배울 수도 있다. 스마트폰이나 컴퓨터 게임처럼 혼자 몰입하게 되는 놀잇감은 기분이 나쁘면 그냥 꺼버리거나 리셋 버튼을 누르면 그만이다. 갈등 조절 과정이 생략된 혼자만의 놀이인 것이다. 상호작용 없이 단편적인 세계에 몰입하게 만드는 장난감은 아이들의 정서 발달에 전혀 도움이 되지 않는다. 인간 발달에 가장 기초적인 감정 조절을 연습할 수 없기 때문이다.

놀아달라는 아이들에게 게임기를 건네거나, 보상이 필요할 때 아이에게 스마트폰을 건네는 것은 놀이를 도와주는 게 아니라 오히려 방해하는 셈이다. 놀이성을 키워주고 싶은 부모라면 아이들은 관계를 형성하고, 그 안에서 놀이를 즐기며 자라나는 존재라는 것을 기억해야 한다.

11. 놀 권리에 주목하는 대한민국 공교육 : 누리과정 개편

"모든 어린이는 충분히 쉬고 놀 권리가 있다." 유엔아동권리협약 31조에 명시된 내용이다. 18세 미만 어린이와 청소년의 기본 권리를 지켜주기 위해 1989년 국제 사회가 함께 맺은 약속이다. 우리나라 아이들은 놀이라는 자신의 기본권에 대해 얼마나 알고 있을까? 한국아동권리학회에서 서울과 경기도 지역 초등학생을 대상으로 설문 조사를 실시한 결과, 절반에 해당하는 50.4%의 아이들이 놀이가 자신이 마땅히 누려야 할 권리라는 것을 알지 못했다고 답했다.

그렇다면 아이들은 일상에서 놀아야 할 권리를 충분히 누리고 있을까? 학교를 마친 후 무엇을 하며 시간을 보내는지 초등학생 5863명에게 물었는데, 결과가 다소 충격적이었다. 많은 아이가 집에서 스마트폰으로 유튜브를 보거나 SNS를 한다고 응답했다. 혼자 숙제를 하거나 학습지를 한다는 아이도 23%나 차지했다. 반면 친구와 함께 놀면서 시간을 보내는 아이는 전체의 2%에 불과했다.

> "우리나라는 OECD 국가 중 아이들 삶의 질이 가장 낮아요. 가장 큰 이유로 과도한 학습에 대한 부담을 꼽을 수 있습니다."

세종대학교 사회복지학과 박현선 교수는 우리나라 아이들의 놀 권리가 제대로 지켜지지 않는 가장 큰 이유로 교육열을 지목했다. 유엔아동권리위원회는 한국 아이들이 과도한 학습과 교육으로 상당히 지쳐 있고, 그

초등학생이 방과 후 집에서 주로 하는 활동

	TV 비디오 보기	숙제론 하기	휴식	컴퓨터 하기	혼자 공부하기	친구와 놀기	음악듣기	구경질 하기	만화책 잡지 읽기	그림 그리기	운동 및 악기	기타
1~3학년 (2054명)	19%	19%	10%	3%	26%	3%	1%	1%	8%	4%	2%	5%
4~6학년 (3009명)	9%	37%	8%	8%	21%	1%	2%	1%	3%	3%	3%	5%
전체 (5863명)	14%	28%	9%	5%	23%	2%	2%	1%	5%	3%	3%	5%

자료: 한국청소년활동진흥원, 〈방과 후 활동 수요 및 현황 조사〉, 2012

로 인해 놀 권리가 상당 부분 침해되고 있다며 우려를 표시했다.

"우리 아이들의 삶의 질 지수와 관련된 연구들을 살펴보면 수면 시간도 부족하고 아침 식사를 거르는 아이도 많아요. 상당히 많은 아이가 놀 시간이 없다고 응답했어요. 이런 부분들이 대부분 학습과 관련된 이유 때문인 것으로 보입니다. 교육열은 높고 그에 비해 아이들이 쉬고 즐기고 누리는 놀이에 대한 가치는 너무 낮은 것이 우리 아이들의 가장 큰 문제입니다."

1. 스스로 놀아야 큰다

누리과정의 문제점 및 개선 방향

	기존 누리과정	개정 누리과정
구성 방향	• 초등학교 준비교육 위주의 학습 • 유아 개개인의 특성 반영 미흡	• 개별 유아의 다양한 특성을 고려할 수 있도록 내용 구성 최소화
주요 내용	• 계획서 위주의 교사 주도적 학습 • 구조화된 놀이학습 위주 교육	• 유아의 주도적·자발적 놀이 권장 • 놀이 관찰과 기록. 교사·유아와의 질적 상호작용 강조
구성 체계	• 지나치게 세부적이고 복잡한 구성 (5대 영역-주제-소주제-단위 활동) 으로 현장의 자율적 구성에 한계	• 유치원 교육 과정 운영의 다양성과 자율성을 최대화하기 위해 세부 내용 삭제

    어린이의 놀 권리에 대한 개념을 처음으로 제안한 영국은 최근 놀이 친화 정부를 주창하며, 아동가족법 제2조에 어린이가 노는 것에 대한 항목을 명시했다. 지방정부가 의무적으로 아이들이 충분히 놀 수 있도록 지원해야 한다는 내용이다. 또한 영국은 3년마다 '아동 놀이 기회의 충분성'을 정부 차원에서 평가하고 관리하면서 아이들의 놀이가 질적으로 상승했다는 평가를 받고 있다.

    우리나라도 정부가 앞장서서 아이들이 행복한 나라를 만들자는 정책 목표를 세우고 아이들의 놀이권에 주목하고 있다. 이를 위해 2020년 3월 누리과정을 놀이 중심 과정으로 개편하고, 하루에 한 시간 이상 아이들이 또래와 상호작용하며 놀이할 수 있는 정책을 추진하고 있다. 누리과정은 3~5세 어린이를 대상으로 유치원과 어린이집을 다니며 교육과 보육을 평등하게 받을 수 있도록 국가가 지원하는 교육 과정이다.

가장 큰 변화를 꼽는다면 교육 과정의 주체가 교사에서 유아로 바뀌었다는 것이다. 교사가 연간, 주간, 일일 교육 계획을 세우고 거기에 맞춰 운영하는 교사 주도 방식이 아니라 놀이가 중심이 되고 그 놀이에서도 유아가 중심이 되는 패러다임의 전환이 이루어졌다. 이를 위해 아이들이 놀이를 충분히 경험하고 놀이 과정에 몰입할 수 있도록 유아 주도의 자유 놀이를 확대하고 주도성을 키워줄 계획이다. 또한 교사들의 활동계획서 위주로 운영되던 방식에서 벗어나 놀이의 범위를 확대하고 이를 위해 획일적이었던 교실 환경을 다양한 놀이와 활동을 경험할 수 있는 환경으로 구성할 방침이다. 누리과정 책임연구원인 부산내 유아교육과 임부연 교수는 유아 주도의 놀이가 누리과정 개편의 핵심이라고 강조했다.

"유아가 스스로 주도하면서 놀이를 할 때 더 잘 배운다는 것이 굉장히 중요한 것 같아요. 교사가 놀이를 끌어갈 때는 무엇을 가르쳐야 한다는 생각을 하면서 놀게 되니까 놀이가 끝난 뒤 아이들이 '선생님 이제 다 배웠으니까 이제 진짜 놀러 나가도 돼요?'라고 물어보는 경우가 많았습니다. 하지만 자기가 주도했던 놀이는 다 기억하고 더 좋은 놀이로 이어가려고 하거든요. 이것이 진짜 배움이라고 판단한 겁니다."

1. 스스로 놀아야 큰다

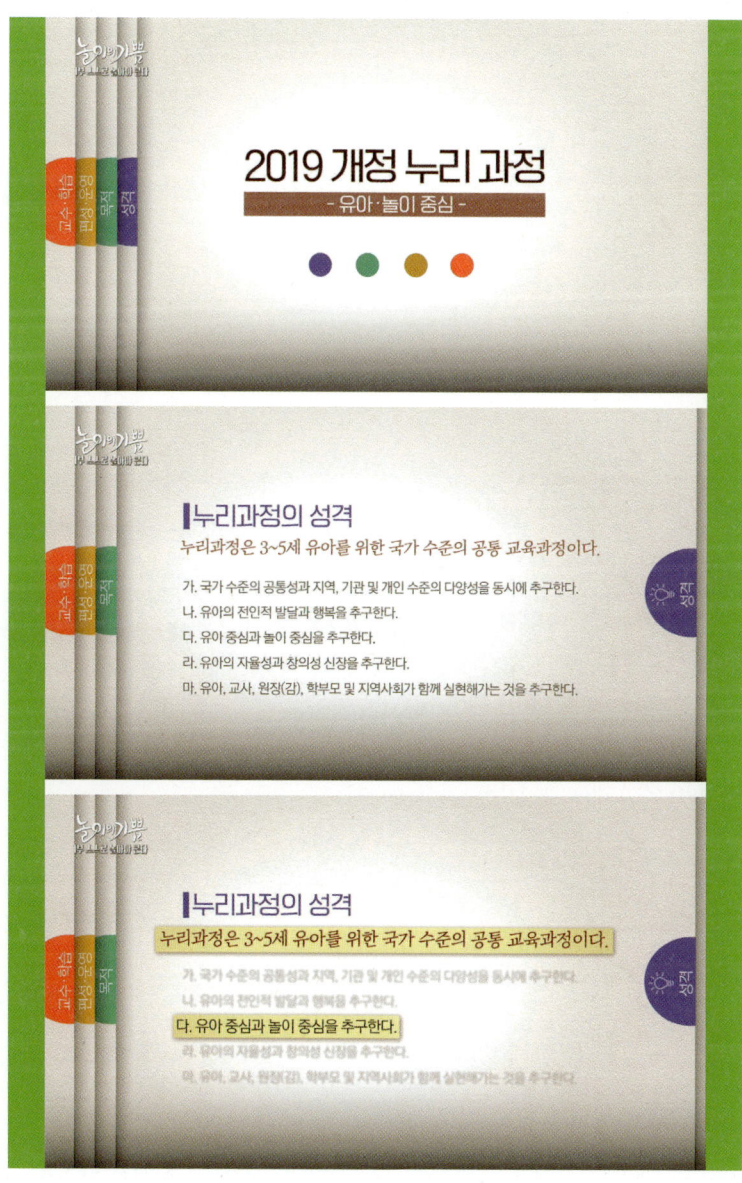

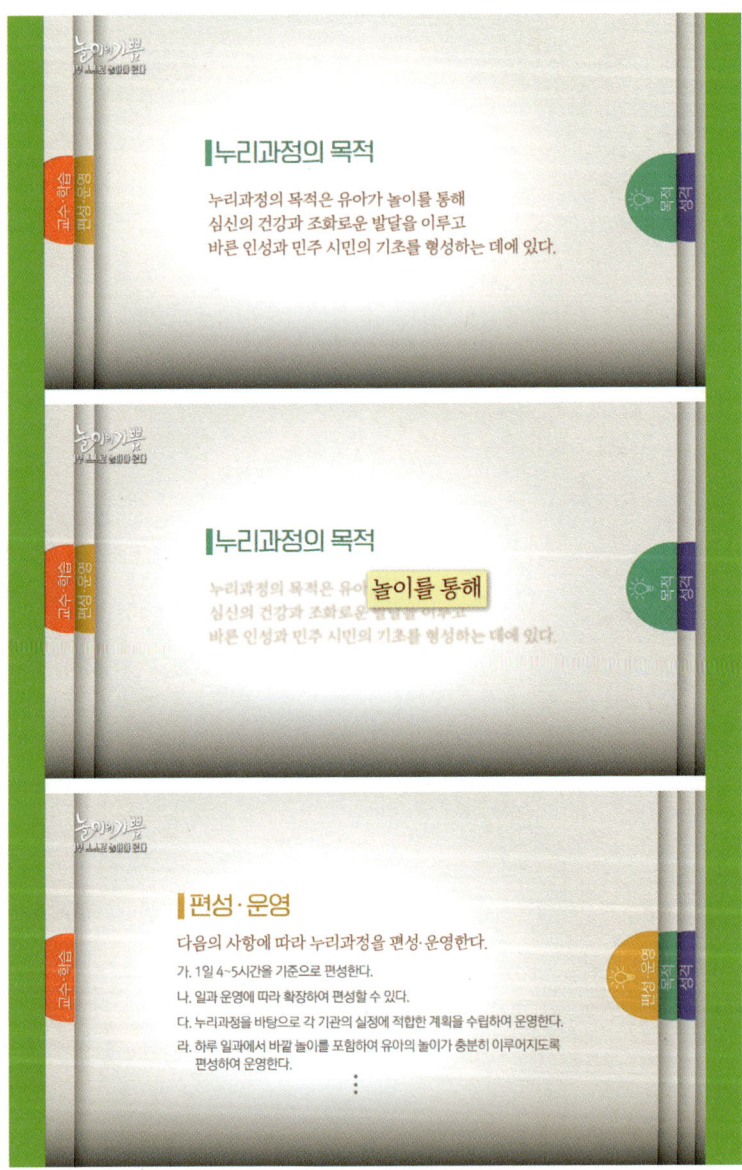

1. 스스로 놀아야 큰다

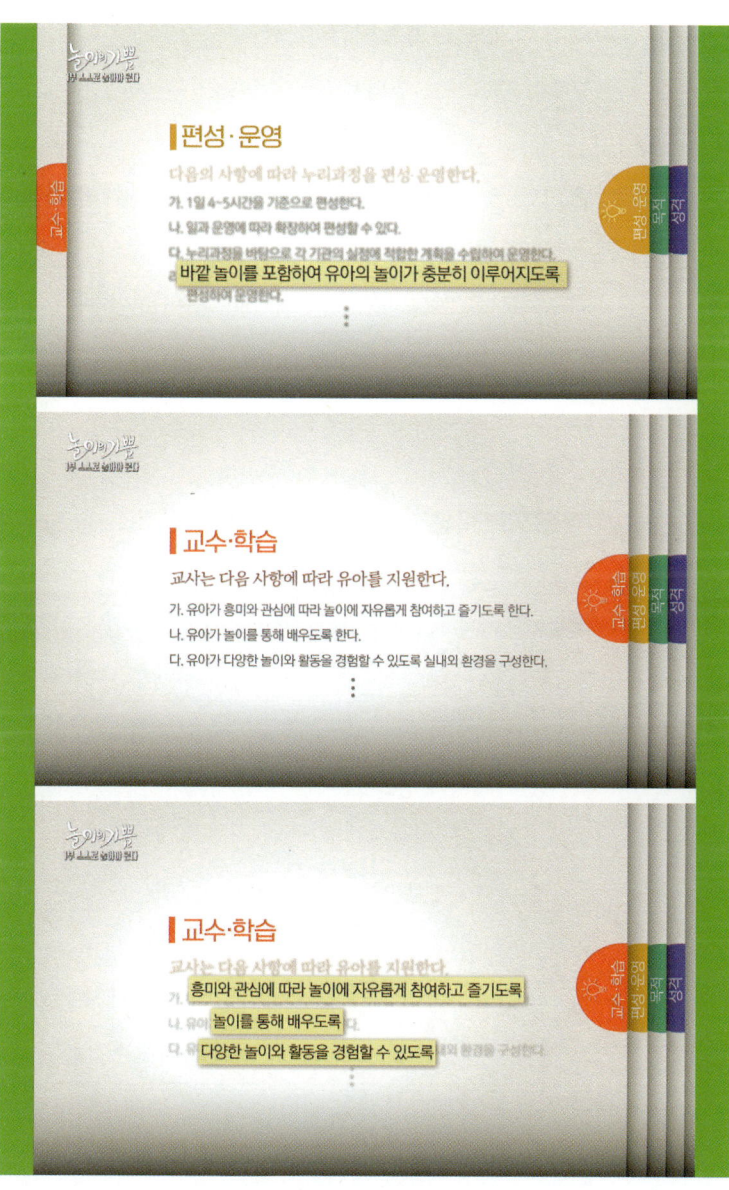

104 × 105

아이들은 놀이를 통해 많은 것을 얻는다. 또래와의 교류를 통해 사회성과 문제 해결 능력이 발달하고, 창의력과 집중력을 키울 수도 있다. 자신의 놀이를 인정받았을 때는 성취감을 느끼며, 자율성과 주도성을 습득할 수 있다. 하지만 이 모든 것은 아이가 주도하는 진짜 놀이 안에서 자연스럽게 얻어지는 것일 뿐, 누구도 강요하거나 교육을 통해 주입시킬 수 없다. 놀고 싶을 때 원하는 놀이를 하는 것이 아이들의 삶이자 놀이의 본능이기 때문이다.

12. 놀 줄 아는 부모가 되기 위한 진짜 놀이 추천

인간에게 놀이는 본능이다. 아이가 세상에 태어난 뒤 말보다 먼저 배우는 건 즐거운 것을 찾아내고 끊임없이 탐색하는 능력이다. 놀면서 자신이 사는 세계와 사물에 대해 배우고, 인간관계를 형성하는 방법을 익힌다. 놀이는 아이들의 생활 그 자체일 뿐 아니라, 한 명의 인간으로서 성장하면서 인생의 기초를 닦는 중요한 과정이라 할 수 있다. 이때 적절한 놀이 환경을 만들어주고 아이가 마음껏 놀 수 있도록 돕는 것이 부모의 가장 중요한 역할이다.

아이의 놀이를 잘 관찰하면 아이가 놀고자 하는 의도를 발견할 수 있다. 아이가 지금 무엇에 관심이 있고 뭘 잘하는지 명확하게 이해할 수 있는 것이다. 아이와 잘 놀고 싶다면 가장 선행되어야 할 조건이 바로 관찰이다. 관찰은 그냥 바라보는 것이 아니다. 내 아이의 상태와 흥미, 관심을

유심히 살펴보고 모든 것을 이해하려는 노력이다. 부모가 섣부르게 놀이를 시도하기보다는 아이의 표정을 살피고 아이의 시선이 어디로 향하는지 세심하게 관찰하는 게 중요하다. 아이가 원하는 놀이를 이해하고 아이의 놀이에 기꺼이 동참할 때 비로소 진짜 아이와 함께 놀 수 있다.

아이와 놀이를 할 때 교육적인 측면에서 여러 가지 규칙과 질서를 요구하는 부모가 있다. 그러나 질서와 규칙은 부모가 만들어주는 것이 아니라 아이 스스로 놀이 안에서 발견하고 만들어야 한다.

"아이들이 놀 때 부모가 어떤 위치에 있어야 할지 고민하는 분들이 굉장히 많아요. 가장 적절한 건 아이가 앞에 나서고, 부모는 주도성과 방임 그 사이의 회색지대에 있는 거예요. 회색지대에 있어야 한다는 말은 아이의 주도성을 방해하지 않으면서도 관심 있게 지켜보면서 아이가 필요할 때 언제든 나설 수 있어야 한다는 의미입니다. 그게 아이와 놀이를 할 때 가장 좋은 자세입니다."

연세대학교 아동가족학과 김명순 교수는 놀이하는 아이와 부모는 반 발짝 정도 간격을 유지하는 게 가장 좋다고 조언했다. 아이의 놀이를 끌어가지 않으면서 요청이 있을 때 빠르게 반응할 수 있는 거리다. 이때 명심해야 할 건 반드시 아이가 먼저 요청할 때까지 기다려야 한다는 것이다. 이 간격이 잘 지켜진다면 아이의 놀이를 효과적으로 응원할 수 있을 것이다.

놀이는 아이가 시작해서 스스로 이끌어가는 것이기 때문에 부모의 욕심이나 성과와는 상관없이 마음껏 놀이를 펼칠 수 있도록 해줘야 한다. 인내심을 갖고 아이의 놀이가 끝날 때까지 기다려주는 건 부모의 몫이다. 아이가 놀이 경험이 부족해 놀이를 잘 이끌지 못하더라도 부모가 조금 기다려주며 아이의 놀이가 발전할 수 있도록 더 많은 놀이 경험을 만들어줘야 한다.

놀이 처방

1. 놀이에서 배움과 가르침은 뺀다

놀이를 통해 아이가 재미있게 배운다면 학습 효과가 더 높아질 거라고 많은 부모가 믿는다. 놀이하는 아빠 김원열 씨도 그렇게 생각했다. 부모가 놀이를 학습의 도구로 이용하는 순간, 그 행위는 아이들에게 놀이가 아니라 수행해야 할 과제가 되어버린다는 것을 그는 미처 생각하지 못했다. 아이들이 즐겁게 놀 수 있도록 노력해왔지만, 아빠가 놀

1. 스스로 놀아야 큰다

이 곳곳에 심어놓은 교훈과 가르침은 진짜 놀이를 가로막는 방해꾼이었던 것이다.

앞으로도 아이들과 열심히 놀 계획이라고 밝힌 김원열 씨, 예전과 달라진 게 있다면 아빠의 놀이 안 곳곳에 포진해 있던 배움과 가르침을 제거하는 연습이 시작된 것이다. 아이들이 놀이 과정에서 스스로 무언가를 얻고 깨우치면서 진짜 놀이를 만들어갈 수 있도록 돕겠다는 게 김원열 씨의 목표다.

아이들과 함께하는 놀이에도 많은 변화가 찾아왔다. 예전과 달리 놀이를 시작하기 전 아이들에게 반드시 무엇이 하고 싶은지, 어떻게 놀고 싶은지 물어본다. 놀이의 선택권을 아이들에게 넘긴 것이다. 아이들에게 아빠의 정답을 알려주지 않는 노력도 필요했다. 예전에는 놀이를 통해 아빠가 알고 있는 경험과 지식을 아이들에게 알려주려고 했다면, 이제는 놀이 안에서 아이들이 엉뚱한 상상력을 마음껏 펼칠 수 있도록 한발 물러서기로 한 것이다. 대신 아이들에게 간단한 힌트나 질문을 던져 다양한 방향으로 생각하고 고민해보는 기회를 만들어주기로 했다. 아이들이 스스로 문제를 해결하고 주도성을 발휘할 수 있도록 아빠가 지렛대 역할을 하는 것이다.

놀이 처방

2. 아이가 놀이를 끝낼 때까지 기다린다

아이의 신체가 단계적으로 성장하는 것처럼 인지나 사회적 정서에도 발달 단계가 있다. 세상을 처음 접하는 영유아들은 단순한 반복 놀이를 통해 자신이 살아가는 공간을 이해하고 탐구한다. 놀이의 발달 특성을 미처 이해하지 못한 경우, 아이들의 놀이를 무의미하게 받아들이거나 지루하다고 생각할 수도 있다. 때로는 성급한 마음에 과도한 자극을 주는 경우도 발생한다.

22개월 된 연재의 놀이가 지루해 보여 고민이었던 엄마 임재원 씨. 변화가 필요했던 건 연재의 놀이가 아니라 놀이를 바라보는 엄마의 시선이었다. 매일 아침 엄마가 언성을 높이게 만들었던 연재의 양말통 뒤집기가 발달을 위한 성장 과정이었음을 알게 되자 예전처럼 화가 나는 대신 귀엽고 재미있어 보인단다.

요즘 연재 엄마는 기다리는 연습이 한창이다. 퍼즐 놀이에 집중한 연재에게 예전처럼 다른 놀이나 장난감을 권유하는 일은 사라졌다. 연재가 선택한 놀이를 연재 스스로 끝낼 때까지 기다릴 줄 알게 된 것이다.

그동안 연재의 관심을 끌기 위해 있던 장난감도 대폭 정리했다 대신 다양한 형태로 변형 가능한 개방형 놀잇감들을 준비했다. 일상에서 흔히 볼 수 있는 신문지나 점토, 우유 팩, 나뭇가지, 엄마의 스카프까지 다양하다. 그런데 놀랍게도 엄마가 장난감 기차를 사줬을 때는 시큰둥하던 연재가 일상 생활속에서 찾아낸 놀잇감들에는 뜨거운 반응을 보였다. 그토록 좋아하는 퍼즐에 집중했을 때처럼 진지한 표정으로 점토를 주무르며 알 수 없는 형태의 작품을 만들어내기 시작한 것이다. 어쩌면 아직 말은 잘 하지 못해도 연재는 알고 있었는지 모른다. 양말통을 뒤집으며 신나게 놀던 연재에게 가장 좋은 장난감은 바로 일상에서 발견한 개방형 놀잇감이라는 것을.

1. 스스로 놀아야 큰다

| 놀이 처방 | **3. 놀이와 일상을 분리하라** |

　　　　　헬리콥터 맘이라는 말이 있다. 아이들 주변을 맴돌며 아이들을 지나치게 통제하고 관여하는 부모를 가리키는 표현이다. 사실 연지 엄마 한재희 씨도 분류하자면 헬리콥터 맘에 가까웠다. 아이들이 놀이터에서 놀 때도 혹시 다치거나 위험한 행동을 하지 않을까 신경을 곤두세웠고, 연지가 그려야 할 그림을 엄마가 대신 그려줄 때가 많았다. 이렇게 엄마의 지나친 개입과 헌신은 아이들의 놀이를 제한하고, 엄마 본인의 일상까지 힘겹게 만들었다.

　놀이 전문가 김지연 박사는 한재희 씨에게 놀이와 일상을 분리할 필요가 있다고 조언했다. 예를 들어, 그림을 그린다면 예전처럼 연지가 원하는 걸 대신 그려주는 게 아니라 서툴더라도 아이가 직접 그림을 그리도록 유도하고 옆에서 지켜보며 응원과 격려를 해주라는 것. 과도한 칭찬은 필요 없다. 칭찬에 중독된 아이가 칭찬을 받지 않으면 그림을 그리지 않으려는 부작용이 생길 수도 있기 때문이다. 엄마의 감정을 솔직하게 말해주거나 자연스럽게 아이의 행동을 읽어주는 것도 좋은 방법이다.

"지금 코를 그리고 있는 거야?"
"눈이 엄마랑 닮은 것 같지 않아?"

　아이의 그림에 관심을 보이며 말을 걸어보자. 중요한 건 연지에게 엄마가 나의 놀이를 관심 있게 지켜보고 있다는 신호를 보내는 것이다.

아이와 상호작용할 때도 약간의 요령이 필요하다. 아이가 동그라미를 그렸을 때 "동그랗게 생긴 걸 보니 얼굴 같은데?"라고 말하는 것처럼 부모가 먼저 짐작하고 판단하는 것보다 뭐가 그리고 싶었는지 물어보는 게 더 좋다. 아이가 그린 동그라미가 얼굴인지 접시인지 그것은 그림을 그리는 아이만 알 수 있기 때문이다. 만약 부모가 먼저 얼굴이냐고 묻는다면 아이의 상상력을 제한하게 될 수도 있다.

오랜 시간 함께 보내는 것보다는 30분이라도 확실하게 함께 놀아주라는 처방도 덧붙였다. 아이가 실컷 놀았다는 느낌이 들면 엄마를 덜 찾게 된다. 게다가 엄마를 도와줄 수 있는 든든한 지원군도 있다. 바로 세 살 위 오빠인 지호다. 연지보다 놀이 수준이 높은 오빠는 인형 던지기 놀이 같은 아이디어를 끊임없이 제안했다. 연지가 오빠랑 노는 동안 엄마는 자신의 일상으로 돌아갈 수 있었다.

지호와 연지가 사이좋게 노는 모습은 엄마에게도 낯선 풍경이었다. 스마트폰 게임만 좋아하는 줄 알았던 지호는 동생과 함께 놀이를 만들고 규칙을 정하며 놀이를 주도했다. 예전에는 엄마가 일일이 이끌어가던 놀이의 주도권이 지호와 연지에게 주어지면서 엄마는 그동안 잘 몰랐던 아이들의 다른 모습을 발견할 수 있었다.

1. 스스로 놀아야 큰다

정보
아이를 행복하게 해주는 놀이 방법

1. 장난감은 적은 편이 낫다
장난감이 많은 아이는 놀이에 대한 몰입도는 높지만, 장난감을 가지고 노는 것 이상으로 놀이가 발전하기 어렵다. 다른 아이들과 협동해서 자동차가 다닐 수 있는 길을 만들거나, 병원 놀이처럼 역할을 나눠서 협력하고 계획을 진행해 나갈 때 놀이가 확장된다. 장난감이 너무 많으면 오히려 아이들의 놀이를 제한할 수 있다는 것을 기억하자.

2. 충분한 놀이 시간 확보
학원에 다니느라 충분히 놀지 못하거나 스마트폰 같은 상호작용 없는 기계를 오래 붙들고 있다 보면 놀이 시간이 줄어들 수밖에 없다. 부모는 아이들이 잘 놀 수 있도록 시간을 확보해주고, 아이가 원할 경우 놀이에 참여해 다양한 경험을 제공하려고 노력해야 한다.

3. 감정 표현은 구체적으로

아이와 놀이를 할 때 특정한 상황이나 사건, 또는 행동에 대해 무엇이 재밌고 즐거웠는지 구체적으로 설명해준다. 부모의 표현을 통해 아이는 즐거운 상황에 어떻게 반응해야 할지 알게 된다. 아이가 재미있다고 언급하는 내용이 있다면 부모가 한 번 더 구체화시켜 표현해보는 것도 좋다. 예를 들어, 아이가 모래놀이가 재미있었다고 말한다면 아이의 이야기를 잘 들어준 뒤 "아, ○○이는 모래를 쌓는 게 재미있었구나. 엄마도 모래를 높이높이 쌓는 게 재미있었어"라고 확인해주면 된다.

4. 놀이 공간을 제한하지 않는다

공공장소에서 뛰어노는 것은 문제이지만, 그 외에 안전하게 활동할 수 있는 모든 공간에서 아이가 놀이를 할 수 있어야 한다. 추우니까 실내에서 놀라고 하거나 집 안을 어지르지 말고 놀이방에서 놀라고 공간을 제한하면 아이의 놀이가 제대로 이루어지기 어렵다.

5. 놀이는 정해진 시간에 규칙적으로

아이와 놀이를 할 때는 시간을 정해놓고 놀아주는 것이 좋다. 정해진 시간에 규칙적으로 노는 것은 부모와의 친밀도를 높일 뿐 아니라 아이의 두뇌 발달에도 도움이 된다. 놀이 시간에 맞춰 아이가 스스로 하고 싶은 놀이를 고민하고 계획을 세울 수 있기 때문이다.

13. 부모가 잘 놀아야 아이가 행복하다

　　　　놀이가 주는 가장 큰 선물은 즐거움이다. 자발적으로 놀이를 이끌어갈 줄 아는 아이는 어떤 어려운 상황이 닥치더라도 포기하지 않고 문제를 해결해 나가는 힘을 갖게 된다. 놀이 속에서는 어떤 어려운 상황도 힘들거나 괴롭게 느껴지지 않는다. 문제를 해결하는 과정 역시 흥미롭게 즐길 수 있기 때문이다. 이렇게 놀이를 통해 쌓은 경험은 삶에 대한 흥미로 이어진다. 놀이는 특별한 행위가 아니라 아이들의 삶 자체이기 때문에 놀이가 즐거우면 자연스럽게 삶이 즐겁다고 느끼게 되는 것이다.

　아이들에게 즐거운 인생을 선물하고 싶은 아빠들이 매주 토요일 한자리에 모인다. 장소는 연세대학교 어린이생활지도연구원. 만 4세 아이와 아빠가 함께 놀이를 배우는 아빠 수업이 1년 과정으로 진행 중이다. 아인이 아빠 권순명 씨는 아빠 수업이 벌써 두 번째다. 2년 전 아내의 권유로 첫째인 용인이와 함께 참가했을 때는 꽤 오래 망설였지만, 이번에는 아인이가 네 살이 되자마자 바로 신청했다. 집이 있는 용인에서 서울까지 오가는 게 다소 힘들지만, 아이들과 교감하고 같은 눈높이로 놀이를 바라볼 수 있게 된 것은 커다란 수확이었다.

　수업이 진행되는 시간은 90분, 그동안 스마트폰은 금지다. 오직 아이의 눈을 바라보며 함께 놀아야 한다. 수업의 첫 번째 원칙은 놀이는 아이들이 선택해야 한다는 것이다. 아이의 놀이를 함께하며 아빠는 아이의 내면을 관찰하고 소통하는 방법을 배운다. 처음 참가했을 때는 의욕이 넘쳐 아이의 놀이에 개입하는 실수를 종종 했지만, 이젠 아인이의 놀이를 끝까

1. 스스로 놀아야 큰다

지 지켜볼 수 있는 여유가 생겼다.

　이젠 아인이의 표정만 봐도 아이가 지금 즐거워하는지 혹은 지루해하는지 알아챌 수 있다. 만약 아이가 지루한 내색을 보이면 잘하고 있다고

격려해주거나 다음엔 뭘 할 건지 간단한 질문을 건넨다. 그것만으로도 아이는 다시 흥미를 갖고 자신의 놀이를 이끌어가는 데 열중하게 된다. 아이가 원하는 것이 진짜 놀이라는 것을 알게 된 아빠는 놀이의 참여자로서 아이에게 응원을 보내고 있다.

값비싼 장난감보다는 일상의 놀잇감을 아이들이 더 좋아한다는 것도 아빠 수업에서 알게 됐다. 요즘 아인이가 가장 좋아하는 놀잇감은 나뭇잎. 아빠 수업이 있던 날에도 온 가족이 집 근처를 산책하며 나뭇잎을 주웠다. 열심히 나뭇잎을 줍는 아이들에게 아빠는 무엇을 할 건지 물어보지 않았다. 집에 들어가는 그 순간까지 아이들의 마음은 시시각각 달라지기 때문이다. 아인이가 밀가루 반죽에 나뭇잎을 아무렇게나 붙여도 아빠는 별다른 질문을 하지 않았다. 얼굴엔 궁금한 기색이 가득하지만, 그저 조용히 지켜보기만 할 뿐이다.

1. 스스로 놀아야 큰다

"용인이 때는 종종 실수를 했어요. 제 마음대로 밀가루 반죽에 이것저 것 붙이면서 아이에게 장난을 쳤어요. 그때 저는 아이와 같이 논다고 생각했고 나름대로 재미도 있었어요. 그런데 이제는 알아요. 중요한 건 지금 아인이가 밀가루 반죽을 만지는 데 집중하고 있다는 거예요. 아이가 심심하지 않게 옆에서 지켜보고 추임새를 넣는 게 제 역할입니다. 아이가 자기 놀이에 집중할 수 있게 해주는 게 무엇보다 중요합니다."

주중에는 회사 때문에 바빠 틈을 내기 어렵지만 주말에는 아이들과 실 컷 놀아주기 위해 다른 약속을 잡지 않는다는 아빠. 아이들이 주말을 손 꼽아 기다리는 이유다. 아이들이 자신만의 놀이에 집중할 때는 차분하게 기다려줄 줄 아는 아빠이지만, 함께 승부를 가리는 놀이를 할 때는 그야 말로 인정사정 봐주지 않는다. 여섯 살 아들에게 지기 싫어 몸싸움도 불

사하지 않을 정도. 그렇게 분위기가 달아오르면 표 나지 않게 아이들에게 져주는 연기력도 겸비하고 있다. 물론 아이들은 전혀 눈치채지 못하고 대단한 성취를 이룬 듯 즐거워할 뿐이다.

"저는 정말 제가 재밌어서 아이들과 노는 거예요. 진심으로 즐겁지 않으면 결국 아이들도 눈치채고 저도 놀이에서 겉돌게 되더라고요. 제가 신나게 놀 줄 알아야 아이들도 더 재밌고 행복해한다는 걸 이제 누구보다 잘 압니다."

아이들과 놀 때 권순명 씨가 가장 중요하게 생각하는 것은 아이는 물론 아빠도 재밌고 즐거워야 한다는 것이다. 그래서 정말 여섯 살 꼬맹이가 된 기분으로, 놀이하는 순간만큼은 아이들과 친구가 되어 함께 논다. 즐

1. 스스로 놀아야 큰다

겁지 않은 놀이를 아이 때문에 억지로 했을 경우 신나게 논 아이의 기분은 좋아질 수 있지만, 아이가 갖고 있던 스트레스까지 아빠의 몫이 된다는 걸 경험했기 때문이다. 그래서 친구와 놀 때처럼 아이를 이겨보겠다고 티격태격하고, 때로는 아이보다 더 깊이 놀이에 빠져들기도 한다.

아이와 함께 놀이하는 시간이 귀찮거나 아이가 자꾸 짜증을 낸다면 상호작용이나 관계에 문제가 있는 건 아닌지 고민해봐야 한다. 놀이하는 시간이 아이는 물론 부모도 즐거워야 비로소 놀이다운 놀이가 가능해지기 때문이다. 놀이는 성장 과정에서 아이가 상호작용을 배울 수 있는 매우 중요한 시간이다. 특히 부모와 놀이하는 과정에서 아이는 규칙을 지키고, 배려하고, 공감해 나가는 기술을 습득한다. 이것은 아이가 다른 사람과 상호작용해 나가는 기본 토대가 된다.

정보

아빠 놀이의 숨은 비밀

놀이할 때 주로 아이의 감정과 정서를 어루만져주는 엄마와 달리, 아빠와의 놀이에서는 격하게 몸을 움직이는 신체놀이가 주로 이루어진다. 호주 뉴캐슬대학 Universty of Newcastle 가족연구센터는 아빠의 신체놀이가 아이들의 행동 발달에 지대한 영향을 끼친다는 연구 결과를 발표했다. 가족연구센터는 만 5세 미만 아이를 둔 30개 가정에 양말 벗기기와 레슬링 같은 신체놀이를 주기적으로 하도록 했다. 그 결과, 아빠와 신체놀이를 했던 아이들은 30개월 뒤 공격성이 상당 부분 감소한 것으로 나타났다. 아빠와 과격하게 놀면서 심리적으로 잠재된 공격성을 일정한 규칙 안에서 해소하고 최소화하는 방법을 자연스럽게 익힌 것이다. 반면 감정과 생각을 조절하는 능력은 매우 높아진 것으로 확인됐다. 특히 아빠와 몸으로 놀 때 배출되는 엔도르핀 Endorphin 은 아빠와 함께할 때 즐겁고 행복하다고 인식하게 해줘 올바른 애착 관계를 형성하고, 신체적으로 면역력을 높여줘 건강한 성장을 이끌어준다.

　아빠 놀이와 엄마 놀이는 정서적 놀이와 신체적 놀이를 설명하기 위한 개념일 뿐, 놀아주는 주체가 누구인지는 크게 상관없다. 엄마가 신체놀이를 해주고 아빠가 책을 읽어주는 것으로 역할을 나눈 가정도 많다. 중요한 건 신체놀이를 포함해 다양한 놀이를 경험하게 해줘야 한다는 것이다.

　아이들에게 놀이는 본능이기 때문에 놀고 싶은 욕구가 생길 때마다 해소할 수 있는 통로가 필요하다. 부모가 특정한 시간을 정해놓고 선택적으로 놀아주는 것이 아니라 엄마 아빠가 언제든지 친구가 되어줄 수 있어야 한다. 성격과 사회적 경험이 각기 다른 엄마와 아빠가 함께 놀이에 참여했을 때, 아이의 두뇌 발달과 신체적 성장은 균형 있게 이루어진다.

14. 자발적인 놀이는 성장의 열쇠다

아이들은 어디서나 놀 수 있어야 한다. 즐거운 일은 무엇이든 놀이가 된다. 놀이의 주도권을 갖는다는 건 아이들이 삶의 주도권을 갖는다는 의미다. 자발적으로 이끌어가는 놀이에서 기쁨과 행복을 경험할 때, 아이들은 세상을 배우고 몸도 마음도 성장한다.

아이와 무언가를 함께하고 놀아주면서 그것이 곧 놀이라고 생각했던 부모들에게 진짜 놀이와 가짜 놀이를 구분하는 건 쉽지 않은 일이었다. 열심히 앞장서서 아이와 놀아주려 노력했던 부모들에게 진짜 놀이는 더욱 어려운 도전이었을 것이다. 놀이의 주도권을 아이에게 돌려주기로 약속했던 세 명의 엄마 아빠는 놀이의 기쁨을 찾을 수 있었을까?

다시 한재희 씨 집을 찾아가보자. 가족들은 놀이터에서 시간을 보내고 있었다. 엄마는 벤치에 앉아 지켜보기만 할 뿐, 아이들이 길에서 플라스틱 조각을 줍고 있어도 상관하지 않았다. 예전 같으면 더럽다고 말렸겠지만 엄마는 잔소리하는 대신 아이들이 하는 이야기에 귀를 기울였다.

"이거 병에 넣어서 흔들면 소리가 날 것 같아. 누가 멀리 던지는지 시합할래요."

"재밌겠다. 그럼 빈 병이 있어야 할 거 같은데……."

지호가 놀이를 제안하자 연지가 나서서 빈 병을 찾아 헤매기 시작한다. 엄마가 개입해서 놀이를 이끌어줘야 한다는 생각을 버리자 아이들이 스

1. 스스로 놀아야 큰다

스로 자신의 놀이를 찾아내기 시작한 것이다. 놀이 수준이 연지보다 높은 오빠가 아이디어를 내면, 연지가 동참하면서 놀이가 확장된다. 이렇게 남매는 서로 영향을 주고받으며 놀이는 더욱 풍성해진다.

연재네 집에서도 엄마의 간섭이 사라졌다. 아무리 오래 퍼즐을 갖고 놀아도, 양말통을 뒤집거나 화장지를 뽑아도 엄마는 웃으면서 지켜볼 뿐이다. 연재가 지금 신나게 놀이를 즐기고 있다는 걸 알기 때문이다. 예전에는 연재가 스티커를 비스듬하게 붙이면 엄마가 다시 떼어서 똑바르게 붙여주거나, 엉뚱한 자리에 넣은 퍼즐 조각을 제자리에 끼워주기도 했다. 무언가 완성하는 것을 굉장히 중요하게 생각했고, 놀이의 완결이라고 봤기 때문이다. 하지만 이제 뭔가를 완성하는 것보다 연재가 지금 무슨 행동을 하고 있는지 그 과정이 중요하다는 걸 알게 됐다. 오늘도 엄마는 연재의 놀이를 지켜보면서 아이가 진짜 원하는 게 뭔지 세심하게 관찰하고 있다.

이제는 뭔가 완성을 한다는 것보다는 놀이를
한다는 것에 조금 더 의의를 두게 되는 것 같아요.

지음이 아빠 김원열 씨의 산책길에도 변화가 나타나기 시작했다. 아이들이 좋아하는 눈알 놀이는 계속되고 있지만, 주체가 달라졌다. 이제 아이들이 직접 원하는 곳에 눈알 스티커를 붙이고 이야기를 만들어 아빠에

1. 스스로 놀아야 큰다

게 돌려주는 것이다. 놀이를 이끌어가는 주인공이 아빠에서 아이로 자리바꿈한 셈이다. 아빠는 정석대로 두 개만 붙이던 눈알 스티커를 지음이는 마음 내키는 대로 다섯 개도 붙이고 여섯 개도 붙인다.

"눈이 왜 이렇게 많아?"
"괴물이거든. 그래서 눈이 많아야 해."

아빠와 지음이가 놀이를 바라보는 시선이 얼마나 다른지 알 수 있는 장면이다. 아빠가 설명하고 알려주는 대신 지음이의 생각을 묻기 시작한 것도 달라진 풍경이다. 아빠는 짧은 질문을 하나 던졌을 뿐인데, 신나게 상상력을 발휘하면서 이야기를 만들어내는 지음이의 모습도 아빠가 미처 알지 못했던 부분이다. 아이가 어떤 생각을 하는지, 그리고 무엇을 하고 싶은지 아이의 놀이를 통해 들여다볼 수 있게 된 것이다.

놀이는 온전히 놀이일 때만 아이들에게 의미가 있다. 놀면서 늘 무언가를 배워야 하고 원하는 대로 놀 수 없다면 아이는 놀이에 거부감을 느낄 수밖에 없다. 물론 놀이를 통해 아이들이 규칙을 익히고, 성취감을 얻으며, 문제 해결 능력을 키워 나갈 수도 있다. 하지만 이는 어디까지나 진짜 놀이를 통해 자연스럽게 얻어지는 결과물일 뿐이다. 영국 케임브리지 대학 부설 놀이발달연구소 데이비드 화이트브래드 소장은 놀이는 아이가 사회적 인간으로 성장하는 과정이라고 강조했다.

"아이들은 원하는 대로 놀면서 자신의 흥미를 그대로 따라갈 수 있는,

아빠 바위 | 지음이 바위

얘가 어떠한 생각을 하고 있는지, 어떤 놀이를
더 좋아하는지 그런 걸 많이 알게 된 것 같아요

스스로 결정할 수 있는 자유가 있어야 합니다. 아이들은 놀이를 하면서 자신에게 의미 있는 일을 찾아내고, 흥미 있는 일에 집중하는 방법을 연습합니다. 놀이는 아이가 타인의 도움이 필요했던 유아기에서 벗어나

1. 스스로 놀아야 큰다

자신을 스스로 조절할 수 있는 상태를 만들어가는 성장 과정입니다."

놀이를 하다 보면 타인과 경쟁할 때도 있고, 대화와 타협이 필요할 때도 있다. 이렇게 놀이에서 이루어지는 상호작용은 나중에 사회에 나갔을 때 꼭 필요한 생존 기술이 된다. 잘 놀 줄 안다는 건 인생을 행복하고 즐겁게 살 수 있는 생존 기술을 터득했다는 의미라고 할 수 있다. 어린 시절에 어떻게 놀았는지에 따라 삶의 방향이 달라진다.

인터뷰
4차 산업혁명 시대가 요구하는 인재의 조건, 놀이

놀이 전문가·영유아 교육학 김지연 박사

세상이 빠른 속도로 달라지고 있습니다. 21세기의 시작과 동시에 4차 산업혁명과 인공지능 로봇 시대가 열렸습니다. 4차 산업혁명의 핵심은 융합과 연결. 현실과 가상이 연결되고 네트워크를 통해 분야간 융합이 이뤄지는 기술 혁명을 의미합니다.

무엇보다 앞으로 다가올 4차 산업혁명 시대에는 지금까지와는 전혀 다른 새로운 직업군이 탄생할 것이라는 점에서 창의력이 더욱 중요한 덕목이 될 것입니다. 호주 플레이그라운드Playground 마커스 베르만Macus Veerman 대표이사는 우리 아이들이 갖게 될 직업 중 85%는 지금 존재하지 않는 새로운 직업이 될 것으로 내다봤습니다. 이들 직업은 현재 기성세대들이 알고 있는 것과는 전혀 다른 신기술을 바탕으로 할 것이기 때문에, 우리 아이들에게 창의적 사고와 문제 해결 능력을 키워주는 다양한 놀이와 놀이 공간, 놀이 기회를 제공해줘야 한다고 주장했습니다. 지식이나 기술을 넘어서 인간 본연의 것에 더 주목해야 하는 시대가 시작되었다는 것입니다.

4차 산업혁명으로 새로운 지능정보 사회가 도래했습니다. 1차 산업에서 3차 산업으로 이어지는 변화의 양상과는 전혀 다른, 지금의 기성세대는 경험해보지 못한 새로운 변화가 찾아올 것입니다. 기성세대가 가진 틀과 경험으로는 앞으로 성장할 세대에게 알려줄 수 있는 게 많지 않다는 의미입니다. 우리 아이들은 우리가 경험했던 것과는 너무나도 다른, 새로운 어려움을 경험하게 될 것입니다. 아이들이 그 어려움을 상처나 고난으로만 받아들인다면 4차 산업혁명 시대를 살아가기 힘들겠지요. 위기를 극복하고 위험을 기회로 볼 수 있는 내적인 힘, 회복 탄력성을 키우는 게 무엇보다 중요합니다.

4차 산업혁명 시대의 핵심 역량으로 많은 전문가가 '4C'를 꼽습니다. 창의성Creativity, 비판적 사고Critical thinking, 의사소통Communication, 협업Collaboration을 뜻하는데요. 미국의 발달심리학자 로베르타 골린코프Roberta M.V Golinkoff 델라웨어대학University of Delaware 교수와 국제유아연구협회International Society for Infant Studies 회장 캐시 허시-파섹Kathy Hirsh-Pasek 브루킹스연구소Brookings Institution 선임연구원은 미래 세대에게 요구되는 인재의 조건으로 한 단계 더 나아가 '6C'를 제안합니다. 콘텐츠Content와 자신감Confidence이 포함된 6C를 갖춘다면 인공지능과 로봇이 주도하는 세상이 되더라도 얼마든지 적응할 수 있고 충분한 경쟁력을 가질 수 있다는 것입니다.

그렇다면 어떻게 해야 우리 아이들의 6C를 키워줄 수 있을까요? 다행스럽게도 인간은 놀이라는 본능을 가지고 있습니다. 인간에게 놀이는 매우 보편적인 행동입니다. 네덜란드의 철학자 요한 하위징아Johan Huizinga

1. 스스로 놀아야 큰다

는 놀이를 문화 그 자체라고 말하면서 인간을 '호모루덴스Homo Ludens', 즉 놀이하는 존재라고 정의한 바 있습니다.

흥미롭게도 놀이는 인간 본연의 능력을 향상시키는 힘을 가졌습니다. 놀이를 통한 자극은 뇌세포를 형성할 뿐 아니라, 세로토닌Serotonin 같은 신경전달물질을 증가시켜 인지 발달에 긍정적인 영향을 미칩니다. 신경전달물질은 정보가 시냅스를 통과해 다른 뉴런으로 전달될 때 필수적인 역할을 하는데, 풍부한 놀이 경험은 이 신경전달물질의 작용을 빠르게 활성화해 인지적 정보 처리를 가속화합니다. 따라서 놀이는 사람의 뇌가 가장 좋아하는 배움의 방식이라고 할 수 있습니다.

더불어 인간은 놀이를 통해 신체의 대근육과 소근육을 발달시키고, 나와 타인을 이해하는 조망 능력을 키워 나갑니다. 새로운 도구와 규칙을 적용하고 발전시켜 나가는 경험 속에서 창의력이 싹트고 인지 능력도 발달합니다. 놀다 보면 내가 어떤 사람인지 알게 되고, 나에게 주어진 상황과 맥락을 이해하는 힘도 생깁니다.

이처럼 놀이는 영유아기뿐 아니라 평생에 걸쳐 인간에게 중요한 행위라고 할 수 있습니다. 평생 잘 놀아야 하는 게 당연한데, 그 시기 중에서도 압축적으로 성장하는 시기인 영유아 때 잘 노는 것이 특히 중요합니다. 특히 취학 이전인 영유아 시기에 다양한 놀이 기회에 충분히 노출되어야 합니다. 충분한 놀이 경험은 21세기에 필요한 기술을 개발하는 필수 조건이라 할 수 있기 때문입니다.

여기서 말하는 놀이에는 전제가 있습니다. 내가 즐거워서 그 과정을 즐기는 자발성이 있어야 합니다. 그런데 어른들은 놀이의 자발성이 제한된 가짜 놀이를 진짜 놀이라고 착각하는 경우가 많습니다. 아이들에게 놀이의 기회를 충분하게 준다고 생각하더라도, 이런 조건하에 놀이를 한다면 아이들은 그 시간과 공간을 놀이가 아니라 학습으로 인식하게 됩니다. 4차 산업혁명 시대에 맞는 인재로 키우기 위해 무엇보다 중요한 것은 놀이가 아이에게서 자발적으로 시작되도록 지원하는 것입니다.

미국 MIT에서 컴퓨터과학을 가르치는 미첼 레스닉 Mitchel Resnick 교수는, 유치원을 학교처럼 만드는 게 아니라 인간의 모든 삶을 유치원처럼 만들어야 한다고 주장했습니다. 상상력을 발휘하고, 놀이를 하면서 친구들과 자신의 생각과 경험을 공유하고, 친구들의 반응에서 다시 새로운 아이디어를 얻어 상상의 나래를 펼치는 아이들의 나선형 배움 구조가 창의력을 샘솟게 하는 원천이라는 지적입니다.

4차 산업혁명 시대의 가장 중요한 역량은 창의성입니다. 세계 굴지의 회사들이 신나는 일터를 표방하고 사무실을 놀이처럼 꾸미는 것도 자유로운 분위기 속에서 능률을 올리고 창의력을 불어 넣어주기 위한 계산입니다. 운동을 통해 신체의 근육을 단련하는 것처럼 인간은 놀이를 통해 창의성을 끌어올릴 수 있습니다.

사람들은 놀이 안에서 자신이 경험한 세계를 재현하고 재창조해냅니다. 즉, 놀이를 많이 즐긴 사람은 이전에 존재하지 않았던 전혀 새로운 결과물을 만들어낼 수 있고, 새로운 것에 도전하는 것을 두려워하지 않습니다. 놀이를 통해 성공과 실패를 여러 차례 경험한 덕분입니다. 술래잡기 놀이를 할 때 술래에게 잡혔다고 해서 크게 좌절하거나 절망하는 아이는 없습니다. 대부분 실패를 인정하고 다시 즐겁게 놀이를 시작합니다. 스스로 선택해서 즐기는 놀이 안에서는 성공하든 실패하든 상관없기 때문입니다.

이런 긍정적인 경험은 새로운 일에 두려움 없이 도전할 수 있게 하고, 스스럼없이 독창적인 아이디어를 제안할 수 있게 해줍니다. 따라서 놀이는 창의력을 키우는 과정이자 훈련이라 해도 과언이 아닙니다. 실수와 실패를 두려워한다면 내면에 창의력이 존재하더라도 이를 발휘하기 어렵습니다. '놀이를 통해 체감하는 자유'야말로 4차 산업혁명 시대를 맞는 미래 세대에게 가장 필요로 한 역량이라 할 수 있습니다.

놀이상담실

Q. 아이들의 창의력을 고양하기 위해서는 구조성 낮은 놀잇감이 좋다고 하는데, 우리 아이는 시중에서 파는 완성형 장난감을 좋아합니다. 아이의 관심을 구조성 낮은 놀잇감으로 유도할 수 있는 방법은 없을까요?

A. 구조성은 놀잇감이 특정한 용도로 사용되는 정도를 나타내는 말입니다. 구조성 높은 장난감이라고 해서 반드시 수준이 낮은 건 아닙니다. 오히려 아이들이 어렸을 때는 구조성 높은 장난감이 도움이 되는 경우도 있습니다. 사물에 대한 이해와 도식이 부족한 경우, 구조성이 높은 장난감을 갖고 놀면서 자신이 처한 환경에 대한 충분한 탐색이 이루어질 수 있기 때문입니다. 이때 어른들이 보기에 좋은 장난감, 예를 들어 실제 주방을 그대로 재현한 주방놀이 세트 같은 것보다는 실제로 엄마가 주방에서 사용하는 물건들을 이용해서 노는 것이 더 좋습니다. 엄마가 냄비로 요리하는 모습을 보면 아이들은 엄마의 행동을 모방하고 싶어 합니다. 실생활에서 이용되는 물건들은 구조성이 높으면서도 아이들의 놀이 수준을 높여주는 훌륭한 놀잇감이 될 수 있습니다.
만 3세가 되면 구조성이 낮은 놀잇감의 비중을 높일 필요가 있습니

1. 스스로 놀아야 큰다

다. 종이로 만든 블록이나 점토, 물이나 모래처럼 얼마든지 변형 가능한 형태의 놀잇감은 아이들 본인이 가진 도식과 원하는 아이디어를 발휘하게 해주고, 추상적 사고와 상상력을 촉진시켜줍니다. 이때 부모들이 주의해야 할 점은, 완성된 형태를 조립만 하면 되는 블록 놀이는 끼우기 놀이에 불과할 뿐이라는 것입니다. 블록 중에서도 단순한 네모 형태의 블록이 아이 스스로 무언가를 시도하고 실험하며 다양한 방법으로 놀이를 만들어갈 수 있는 구조성이 낮은 놀잇감입니다.

Q. 두 아이의 엄마입니다. 아이들이 4세와 8세로 나이 차가 조금 있습니다. 그러다 보니 두 아이의 놀이 수준이 달라서 아이들과 놀아줄 때마다 어떤 아이를 기준으로 놀아줘야 할지 고민이 많습니다.

A. 사실 연령대가 다른 두 아이가 함께 노는 것은 같은 연령대의 아이들끼리 노는 것보다 훨씬 더 좋습니다. 또래 아이들끼리 놀다 보면 서로 경쟁하게 되고, 놀잇감을 공유하지 않으려 하다 보니 싸움이 벌어지기 쉽습니다. 그래서 보통 놀이를 장려하는 곳에서는 다양한 연령대의 아이들을 한꺼번에 놓고 놀이를 합니다.
아이들의 놀이에 부모들이 개입해서 끌어가려고 하면 이런 고민과 어려움이 생길 수밖에 없습니다. 두 아이가 스스로 놀이를 찾아낼 때까지 옆에서 관찰하며 지켜보는 것이 중요합니다. 놀이 수준이 높은 아이와 낮은 아이가 함께 어울려서 놀면 서로 상의하고 역할을 나눠서 아이들 스스로 놀이의 틀을 잘 만들어갑니다. 연령대가 다른 아이들이 함께 놀이를 할 경우, 다양한 놀잇감이 혼재된 곳에 놔두면 아이들이 서로의 수준에 맞는 놀잇감을 섞어가면서 잘 노는 것을 볼 수 있습니다.

가장 추천할 만한 놀이 공간은 바깥입니다. 두 아이를 데리고 놀이터에 나가면 어떤 아이는 미끄럼틀을 타고 어떤 아이는 모래 놀이를 하는 등 서로에게 맞는 놀이를 하면서 잘 어울려 노는 모습을 볼 수 있습니다. 놀이 장소와 놀잇감을 잘 선택해서 함께 놀 수 있게 하는 게 중요하지 부모가 개입해서 놀아주는 건 좋은 해결책이 아닙니다.

PLAY

2. 바깥에서 놀아야 큰다

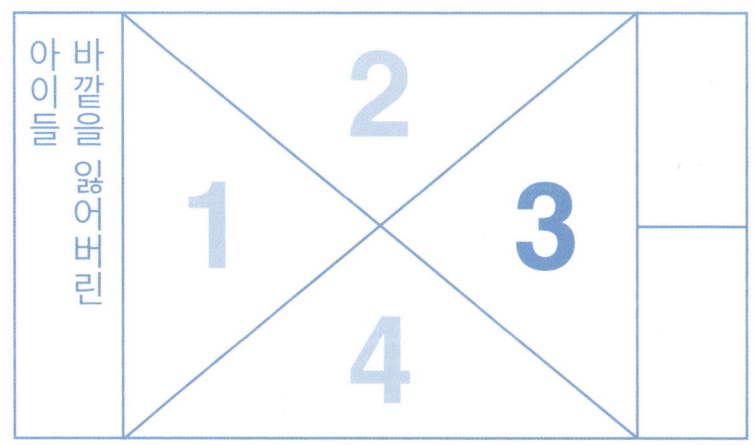

15   골목에서 놀던 아이들은 어디로 갔을까?

　　　　　　놀이는 인생의 축소판이다. 무수히 많은 도전과 실패가 이어지고, 죽고 사는 일도 다반사다. 아쉽고 억울할 때도 있지만 기꺼이 받아들이고 다음 판을 기약한다. 한번 실패했더라도 새로운 놀이가 시작되면 아이들은 최선을 다해 더욱 열심히 논다. 그렇게 아이들은 놀이 안에서 인생을 배우고 사회의 일원으로 성장해간다.
　한때 골목에선 무수히 많은 놀이 인생이 펼쳐졌다. 술래잡기 놀이를 하고 고무줄 잡고 뛰어놀던 아이들의 떠들썩한 웃음소리가 골목에 가득했던 시절을 아직도 많은 이가 기억하고 있다. 하지만 이제는 말 그대로 기억으로만 남아 있는 풍경이다. 도시가 발전하면서 골목은 자동차들이 점령했고, 아이들의 모습을 볼 수 없게 됐다. 골목에서 놀던 아이들은 모두 어디로 사라진 걸까?

여성가족부가 발표한 청소년 종합실태조사에 따르면 우리나라 9~12세 어린이들은 운동이나 야외 신체 활동을 일주일에 네 시간 정도 하는 것으로 나타났다. 충격적인 건 응답자의 25%가 운동이나 야외 신체 활동을 일주일 동안 단 1분도 하지 않는다고 답한 것이다. 어린이 네 명 중 한 명이 바깥 활동을 거의 하지 않는다는 것이다. 골목만 사라진 게 아니다. 아이들의 놀이도 함께 잃어버린 것이다.

고민

1. 친구에게서 부모로, 달라진 놀이 상대

포항에 사는 소은이 아빠 박정호 씨가 인터넷 카페를 개설한 건 2년 전이다. 이름은 아빠 카페. 이름에서 알 수 있듯, 아이를 키우는 아빠만 가입 자격이 주어진다. 카페 안에서 아빠들이 주로 나누는 이야기는 주말마다 아이들을 데리고 놀러갈 만한 곳에 대한 추천과 정보 공유다. '아이들과 어디에서 놀지' 하는 고민은 아빠 카페 회원들 모두의 공통된 과제다.

유치원에 다니는 박정호 씨의 두 딸, 소은이와 예은이는 아빠만 보면 늘 심심하다고 칭얼거린다. 아이들과 즐겁게 놀아주고 싶은 마음은 굴뚝같지만 어떻게 놀아야 할지 처음에는 막막하기만 했다. 아이들을 데리고 아파트 단지 안 놀이터에 나가봤지만 비어 있는 때가 많았다. 어쩔 수 없이 또래 친구 대신 아빠가 아이들과 함께 뛰어놀기 시작했다. 물론 처음엔 아이들도 좋아했다. 하지만 술래잡기 몇 번 하고 그네를 잠깐 타고 나면 아이들은 또 다시 심심하다고 아빠에게 외쳐댔다.

고민하던 아빠는 놀이동산과 키즈 카페를 전전하기 시작했다. 즐거워하는 아이들을 보며 뿌듯한 기분이 들기도 했지만, 이번에는 또 다른 문제가 아빠를 압박했다. 4인 가족이 놀이동산에 한 번 다녀오면 평균 10만 원 이상 지출해야 한다. 거의 매주 아이들을 데리고 놀이공원에 가다 보니 금전적인 부담이 상당했다. 그래서 전략을 바꿨다. 공짜거나 입장료가 저렴한 박물관이나 동물원들을 찾아보기 시작한 것이다. 그렇게 놀이를 찾아 아이들과 함께 유목민처럼 돌아다니다 보니 이제는 더 갈 만한 곳이 없었다. 그래서 다른 아빠들에게 정보를 얻어볼까 해서 개설한 것이 아빠 카페다.

노는 게 이렇게 힘들 줄 소은이 아빠는 짐작도 하지 못했다. 가장 이해할 수 없는 건 아빠가 어렸을 때는 친구와 함께 놀았는데, 요즘 아이들은 친구가 아닌 부모와 함께 논다는 것이다. 또래 아이들과 노는 걸 좋아하는 소은이가 유치원에서 돌아와 집 안에서 맴도는 걸 보면 안쓰럽고 답답한 마음이 들 때가 많다. 친구와 놀이터에서 만나 함께 놀게 해주려면 나름 거쳐야 할 절차도 까다롭다. 우선 소은이 친구의 부모에게 허락을 받아야 하고, 일정을 조율해 약속을 잡아야 한다. 그런데 요즘 아이들이 워낙 바쁘다 보니 학원 시간이 겹치지 않게 약속을 잡는 게 하늘의 별 따기라고.

"저는 어렸을 때 친구랑 놀았거든요. 지금처럼 엄마 아빠랑 노는 아이는 없었던 것 같아요. 따로 약속을 잡을 필요도 없었어요. 대문 열고 나

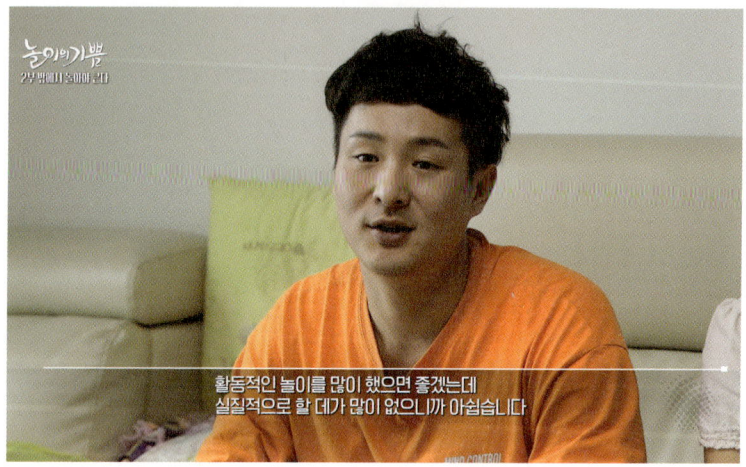

가면 친구들이 놀고 있었고, 제가 나가지 않으면 나와서 같이 놀자고 친구들이 우리 집 문을 두드렸어요."

2. 바깥에서 놀아야 큰다

아빠가 어렸을 땐 부모와의 놀이가 필요하지 않았다. 골목이 있었기 때문이다. 동네마다 아이들이 뛰어놀 공터가 하나쯤은 있었고, 대문을 열면 언제든 골목에서 친구들이 기다리고 있었다. 하지만 도시가 빠른 속도로 발전하면서 아파트와 자동차의 물결이 소은이 아빠가 뛰어놀던 골목을 밀어냈다. 경제적 효율이 높은 집을 짓기 위해 수직으로 아파트를 쌓아 올렸고 물류를 빠르게 수송하기 위해 골목보다 큰 도로가 필요했기 때문이다. 지금은 아이들이 놀 수 있는 공간도, 함께 놀 친구도 없는 것이 현실. 골목이 사라지면서 놀이의 짐이 고스란히 부모에게 떠넘겨진 것이다.

고민

2. 놀이를 돈으로 살 수 있을까?

　　　　　　아이들은 놀이를 통해 자신의 공간을 탐색하고 모험을 즐긴다. 집에서 놀 때보다 바깥에서 놀 때가 더 신나고 재밌는 이유다. 친구와 뛰어놀면서 때로는 몸을 던져 부딪쳐보고 갈등이 생기면 타협을 시도하면서 관계의 기술을 발전시키기도 한다. 팀을 나눠 땀 흘리며 뛰어다닌 아이들은 타인의 생각을 유연하게 받아들이며 협력의 힘을 배운다. 말 그대로 바깥에서 노는 것 그 자체가 인생 공부인 것이다.

　하지만 골목이 사라진 요즘 도시에선 아이들이 마음껏 뛰어놀 만한 공간을 찾아보기 힘들다. 아이들에게 놀이터라는 공간이 허락됐지만, 놀이터에 나가봤자 시간이 맞아 함께 놀 수 있는 친구를 만나기가 어렵다. 여러 가지 이유로 밖에서 노는 게 힘든 요즘. 안전하게 또래와 뛰어놀 수 있는 공간으로 소은이 아빠가 찾은 곳은 바로 놀이동산과 키즈 카페였다.

　1990년대 중반 키즈 카페의 원조격인 실내놀이터가 선보인 뒤 2000년대 중반에 들어서면서 다양한 형태의 놀이동산과 테마파크가 급증하기 시작했다. 직업 체험을 내세운 테마파크부터 4계절 내내 물놀이가 가능한 워터파크, 요즘에는 다양한 스포츠를 즐길 수 있는 체험장도 인기다.

　그런데 이렇게 돈을 주고 사는 놀이에는 중요한 게 하나 빠져 있다. 바로 관계다. 놀이동산이나 키즈 카페에서 노는 아이들은 대체로 친구가 아니라 신기한 놀이시설이나 장난감을 상대로 논다. 이곳에서 놀이는 서비스로 변질되고, 아이들의 놀이에 자연스럽게 어른들이 개입하게 된다. 그런데 이렇게 주어진 놀이만 하다 보면 스스로 찾아서 하는 놀이가 어렵게 느껴질 수밖에 없다.

그런데 아이들은 자기가 시작하고 자기가 끝낼 수 없을 때 그것을 놀이로 받아들이지 않는다. 놀이는 아이들이 주도권을 갖고 아무런 목적 없이 즐겁게 뛰어놀 때 비로소 놀이로서 의미가 생기는 것이다. 누군가의 계획에 의해 진행되는 체험이나 활동에 참여하는 것은 놀이의 범주에 속하지 않는다. 순간적인 즐거움을 느낄 수는 있지만, 놀이를 통한 정서적인 효능을 기대하기는 어렵기 때문이다. 아이들의 마음을 살찌우는 진짜 놀이는 돈을 줘도 살 수 없다.

16. 공간의 제약이 놀이의 즐거움을 빼앗는다

아빠 카페의 초보 회원 이진실 씨는 네 살인 아들 믿음이를 생각하면 미안한 마음이 앞선다. 생업에 바빠 하나뿐인 아들과 제대로 놀아주지 못하는 게 늘 마음에 걸리는 것. 다른 형제가 없는 믿음이는 혼자서도 잘 노는 편이다. 요즘 가장 친한 친구는 단연 유튜브. 손바닥만한 화면 속 얼굴은 한 번도 직접 만나본 적 없지만 믿음이에게 많은 것을 알려줬다. 게임을 잘하는 방법도, 좋아하는 공룡에 대한 정보도 믿음이는 유튜브를 통해 알게 됐다. 그래서 믿음이의 장래희망도 1인 방송을 진행하는 유튜버가 되는 것이다.

온종일 스마트폰으로 유튜브 영상만 보는 아이가 아빠에게 보기 좋을 리 없다. 아빠가 억지로 놀이터에 데리고 나가도 으뜸이는 손에서 스마트

폰을 놓지 않는다. 하지만 놀이터에 함께 놀 친구가 없어서 아이를 야단치기도 민망할 정도였다. 아이가 심심하지 않도록 원하는 대로 장난감을 사주는 편이지만 대신 조건이 하나 있다. 장난감을 갖고 놀 때 가능하면 거실에 깔린 두 평 남짓한 놀이 매트 안에서 놀아야 한다는 것이다.

장난감으로 둘러싸인 작은 놀이 매트가 믿음이가 놀이를 할 수 있는 유일한 공간이다. 그래서인지 믿음이의 장난감은 블록 놀이나 로봇처럼 앉아서 갖고 놀 수 있는 것이 대부분이다. 층간 소음 문제로 아랫집과 오랫동안 갈등을 겪다 보니 어쩔 수 없이 취한 조치다. 이웃과의 관계를 위해 믿음이의 놀이 공간을 놀이 매트로 제한할 수밖에 없었다. 마음껏 뛰어놀아도 부족할 나이인데 집 안에서 발끝으로 살금살금 걷거나, 좁은 놀이 매트 위에서 얌전하게 노는 믿음이를 보면 아빠는 속이 상한다.

아이에게 늘 층간 소음을 조심하라고 주의를 주는데, 그 말을 할 때가

2. 바깥에서 놀아야 큰다

가장 힘들다는 아빠. 아이가 눈치 보지 않고 신나게 뛰어놀 수 있는 공간을 찾아봤지만, 놀이동산과 키즈 카페 외에 별다른 뾰족한 수를 찾지 못했다. 거실 한편에 깔린 놀이 매트 위에서 웅크리고 앉아 노는 믿음이를 볼 때마다 아빠는 어린 시절 뛰어놀던 골목이 그리워진다. 친구들과 함께 해가 지는 줄도 모르고 뛰어놀던 골목에서의 추억을 믿음이에게도 선물해주고 싶다는 게 요즘 아빠의 가장 큰 바람이다.

"단 하루라도 골목에서 친구들과 뛰어노는 즐거움을 으뜸이에게 알려주고 싶어요."

아빠가 요즘 가장 간절하게 바라는 소망이다.

정보

무엇이 아이들의 놀이를 방해하는가?

아이들이 예전처럼 마음껏 뛰어놀지 못하는 이유는 무엇일까? 생후 1년 유아부터 초등학생을 키우는 부모들에게 설문 조사를 한 결과, 응답자의 절반에 가까운 숫자가 아이들이 놀 공간이 부족하다고 대답했다. 잘 놀아야 몸과 마음이 튼튼한 아이로 성장한다는 것은 누구나 아는 사실이다. 그런데 요즘은 아이들이 놀 시간도, 놀 공간도 턱없이 모자란다.

부모 세대가 뛰어놀던 골목은 자동차가 점령했고, 놀이터엔 천편일률적으로 그네와 시소가 자리를 차지하고 있다. 그나마도 아파트 단지에 사는 아이들은 단지 안의 놀이터를 쉽게 이용할 수 있지만, 다른 주거 지역에 사는 아이들은 놀이터가 너무 멀어 이용하지 못하는 경우도 많다.

놀이 공간이 부족한 요즘, 놀고 싶은 아이들의 욕구는 어떻게 해소되고 있을까? 놀이 장소에 대한 질문에 무려 72.7%가 집이

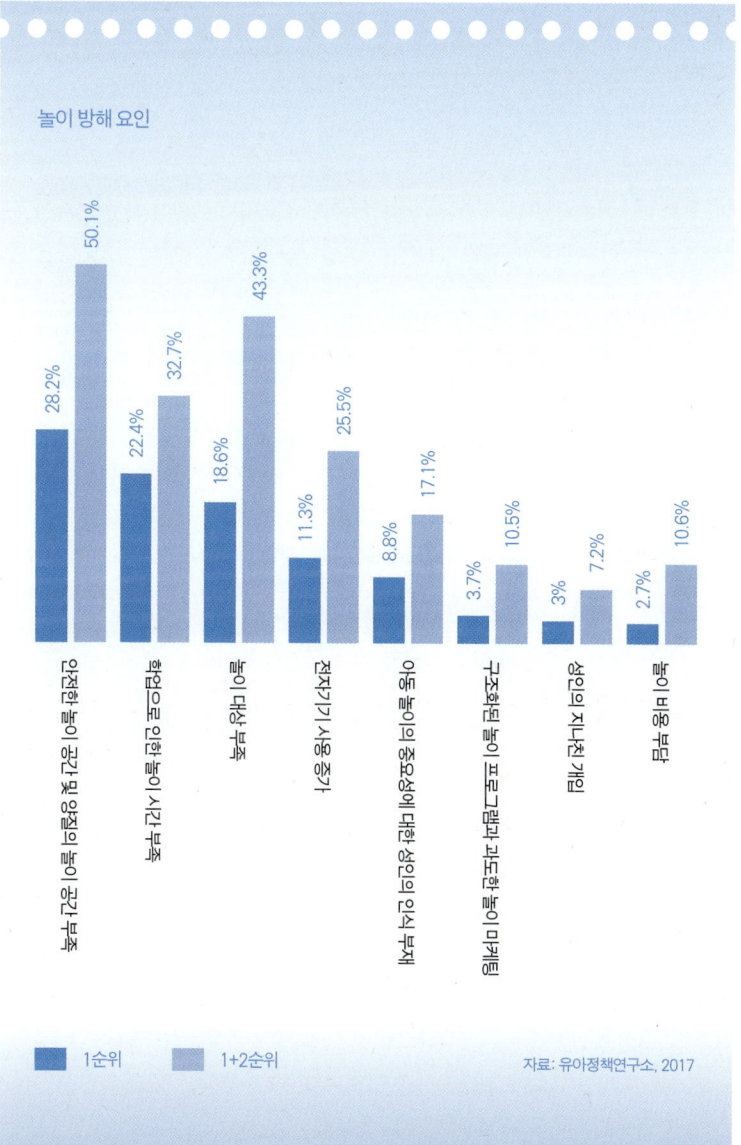

1. 놀이 공간 부족 2. 놀이 대상 부족 3. 놀이 시간 부족
4. 전자기기 사용 증가 5. 놀이 비용 부담 6. 성인의 지나친 개입

2. 바깥에서 놀아야 큰다

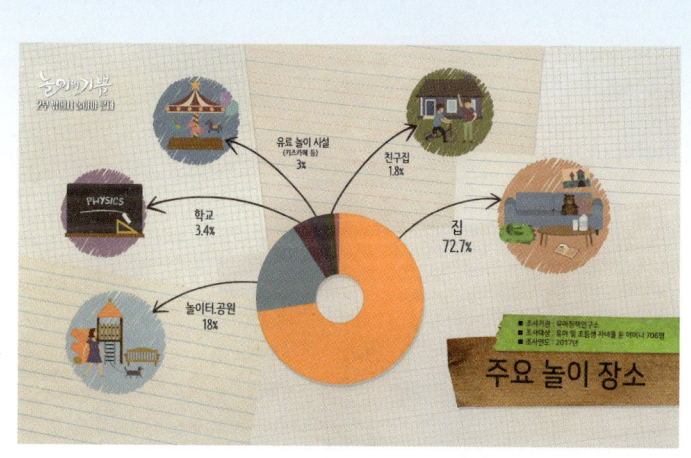

라고 응답했다. 놀이는 대부분 집이나 키즈 카페 같은 실내에서 이뤄지고 있었고, 놀이터나 공원 같은 실외에서 논다는 응답은 18%에 불과했다. 연구를 담당한 육아정책연구원 권미경 연구위원은 아이들이 실내 놀이터를 전전하게 된 가장 큰 원인으로 산업화를 꼽았다.

"도시화가 초래한 가장 큰 문제는 아이들의 놀이 공간을 빼앗았다는 것입니다. 아이들이 나가서 놀던 길이나 공터가 더 이상 놀이 공간으로 기능하지 못하게 됐습니다. 예전의 골목길은 대문을 열고 나가면 또래들이 함께할 수 있는 마음 놓이는 공간이었지만 지금은 너무 위험한 공간이 되었지요."

한때 세계 최빈국이었던 우리나라는 급격한 경제 성장으로 가난에서 벗어나는 데 성공했지만, 눈부신 도시의 곳곳은 어른들을 위한 공간일 뿐이다. 도로를 중심으로 건물이 빽빽하게 들어선 도시는 아이들에게 마음 놓고 뛰어놀 공간을 허락하지 않는다. 시대가 달라졌다고 해서 놀이에 대한 아이들의 본능까지 사라진 건 아니다. 우리가 경제 성장과 편리함을 얻은 대신 무엇을 대가로 치러야 했는지 한 번쯤 돌아볼 필요가 있다.

2. 바깥에서 놀아야 큰다

17.   골목과 함께 사라진 놀이 문화

　　　　　　예전에는 시골뿐만 아니라 도시에서도 골목은 온기가 살아 있는 삶의 공간이자 아이들의 놀이터였다. 땅바닥에 줄만 긋고도 아이들은 하루가 어떻게 가는지도 모를 만큼 신나게 뛰어놀았다. 인원 제한도 없고 나이도 가리지 않았다. 나이가 많은 아이들은 조금 더 어린 동생들에게 놀이 방법을 가르쳐줬고, 갈등이 빚어져도 중재자가 나타나 문제를 조율하고 다 함께 타협점을 찾았다.

　그런데 집마다 자동차가 보급되고 주거 문화가 아파트 중심으로 바뀌면서, 하나둘 골목이 사라지기 시작했다. 당연히 아이들이 뛰어놀 공간도, 함께 어울리던 놀이 문화도 없어졌다. 자동차는 길에서 노는 아이들을 위협하는 위험한 존재였다. 골목이 사라진 자리에 놀이터가 등장했지만, 뛰어노는 아이들은 어디에서도 찾아보기 어려워졌다. 조기 교육의 열풍이 불면서 학원으로 뿔뿔이 흩어진 것이다.

　요즘 유치원생과 초등학생은 웬만한 회사원보다 더 바쁘다. 학교를 마치면 학원으로, 학원을 마치면 집으로 돌아가 잠들기 전까지 과제를 해야 하기 때문. 요즘 아이들은 놀이보다 학습에 더 많은 시간을 할애한다. 그런데 이렇게 놀이의 기회를 빼앗기고 학습에만 초점을 맞추다 보면 아이에게 여러 가지 문제점이 나타날 수밖에 없다.

　부정적인 감정을 놀이로 해소하지 못한 아이들은 감정 조절에 어려움을 겪기 쉽다. 자신의 감정을 충분히 표현하지 못했기 때문에 친구의 감정을 이해하는 것도 어려울 수밖에 없다. 이로 인해 원만한 대인관계를

2. 바깥에서 놀아야 큰다

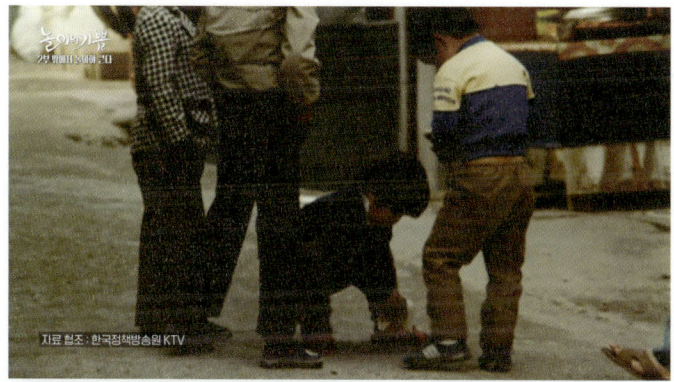

형성하기 힘들어져 학교 생활에 적응하지 못하거나 심할 경우 스트레스나 불안감을 느끼기도 한다.

18. 아이들이 뛰어놀 권리, 영국 골목 놀이의 날

아이들의 권리를 인정하고 보호해주자는 논의가 국제적으로 시작된 것은 1922년 영국에서 〈세계아동헌장〉을 발표하면서부터다. 국제아동기금단체연합이 발표한 〈세계아동헌장〉은 "모든 아동이 방과 후에 놀 수 있는 놀이터를 제공할 것"을 명시할 정도로 아동의 '놀 권리'를 중요하게 인식했다.

18세기 산업혁명의 중심지였던 영국은 세계에서 가장 먼저 산업화와 도시화를 경험한 나라다. 당시 혁신적인 기술이었던 증기기관이 철도망 발달로 이어져 유럽 각국은 거미줄 같은 철도망으로 연결되었다. 도시는 나날이 비대해졌고 땅값은 천정부지로 치솟았다.

"사회가 부유해지면서 아이들이 살아가는 장소가 바뀌기 시작했어요. 결정적인 건 자동차가 많아졌다는 점입니다. 이는 어느 나라든 부유해지면서 겪게 되는 큰 사회적 변화입니다. 이러한 변화는 아이들의 놀이 시간과 공간에 큰 영향을 미쳤습니다. 지난 40~60년 동안 놀이의 자유에 가장 해로움을 끼친 것은 교통량의 증가라고 단언할 수 있습니다."

오랫동안 아동 권리 전문가로 활동해온 팀 길 놀이 컨설턴트는 자동차야말로 아이들의 놀이를 위협하는 최대의 적이라고 주장했다. 영국 브리스톨대학University of Bristol에서 공공보건정책을 연구하는 엔지 페이지Angie Page 교수 역시 아이들의 놀이 공간을 빼앗는 주범으로 자동차를 지목했다.

"도시가 발달하면서 자동차는 아이들의 뛰어놀던 공간을 가져가버렸어요. 자동차의 위협 때문에 아이들은 거리에서 놀 수 없게 됐죠. 기술 발달을 중요시하다 보니 우리는 자동차에는 호의적인 대신 아이들의 놀이 공간을 빼앗는 문화를 만들어온 겁니다."

영국에서도 자동차가 많은 도시로 손꼽히는 브리스톨에선 주말마다

플레잉 아웃(Playing Out)
차량 통행을 잠시 막고 아이들에게 놀 공간을 마련해주고자 2009년 영국에서 시작된 운동

거리 곳곳에서 색다른 풍경이 펼쳐진다. 마을 주민들이 앞장서서 자동차가 다니지 못하도록 길을 통제하고, 자동차가 멈춘 길 위에 아이들이 쏟아져 나와 마음껏 뛰어노는 것이다. 일명 골목 놀이의 날이다. 시민단체

2. 바깥에서 놀아야 큰다

'플레잉 아웃Playing Out'의 주도로 시작된 골목 놀이의 날은 아이들이 자동차가 다니지 않는 집 앞 도로나 동네 골목에서 두 시간 동안 마음 놓고 뛰어놀 수 있게 해주는 작은 동네 축제다.

10여 년 전 두 아이를 키우는 평범한 엄마의 제안으로 시작되어서 이제는 영국 전역 500여 개 거리에서 실시될 만큼 커다란 호응을 얻고 있다. 취지는 간단하다. 잠깐이라도 아이들이 집 앞 작은 도로에서 놀 수 있는 환경을 만들어주자는 것이다. 날짜는 주민들의 합의하에 정해지기 때문에 1주일에 한 번 하는 마을도 있고 2주나 한 달에 한 번 열리는 마을도 있다.

"골목 놀이의 날을 생각할 수 있었던 건 바로 제가 부모였기 때문이에요. 처음 시작했을 때 우리 아이들은 4세와 8세로 상당히 어렸죠. 저는

"아이들이 밖으로 나가 거리에서 노는 경험을 할 수 있기를 바랐습니다. 저희가 어렸을 때는 그냥 현관문을 열고 밖으로 나가면 친구들을 만나서 놀 수 있었어요. 그런데 부모가 되고 나서 보니 우리 아이들은 그런 경험이 할 수 있는 기회가 없더라고요. 밖에서 놀 자유를 잃어버린 것이지요."

골목 놀이의 날은 당시 두 아들을 키우던 알리스 퍼거슨Alice Ferguson 씨의 고민에서 출발했다. 아이들이 거리에서 마음 놓고 놀기 위해선 우선 거리에 가득한 자동차부터 해결해야 했다. 하지만 자동차가 생활필수품이 된 요즘, 거리에서 자동차를 몰아내는 건 불가능한 일이었다. 고민하던 그녀에게 아이디어를 준 건 영국 왕실에서 개최하는 거리 파티였다. 여왕의 생일이나 특별한 행사가 있을 때 도로를 차단하고 거리에서 흥겹

게 파티를 여는 건 영국 왕실의 오랜 전통이다.

방법을 찾았지만, 이번에는 또 다른 문제가 기다리고 있었다. 같은 지역에 사는 주민들의 반대가 만만치 않던 것이다. 아이를 키우는 부모들은 대부분 골목 놀이의 날에 공감하고 응원을 보냈지만, 안전을 이유로 강력하게 반대하는 사람도 적지 않았다. 알리스 씨는 당시 받았던 편지의 내용이 지금도 또렷하게 기억난다고 했다.

"정말 끔찍한 아이디어라고 편지에 쓰여 있었어요. 차가 다니는 도로는 위험하니까 아이들은 공원에서 놀아야 하는 것 아니냐고 지적하더군요. 하지만 이런 태도야말로 저희가 바꾸고 싶었던 것이었어요. 자기 동네에서도 놀지 못하는 아이가 어떻게 마을에서 떨어진 공원까지 혼자 마음대로 갈 수 있겠어요?"

　이렇게 시작된 골목 놀이의 날은 10년 만에 영국 전역의 거리로 퍼져 나갔고, 전 세계 10여 개국에서 따라할 만큼 커다란 반향을 불러일으켰다. 어떤 매력이 영국의 골목과 아이들을 사로잡은 것일까? 골목 놀이의 날이 열리는 브리스톨의 거리를 살펴보자.

　가장 눈에 띄는 건 거리 초입에 설치된 교통 통제 표지판이다. 형광색 조끼를 입은 안전요원이 자동차의 출입을 막고 우회로를 설명해준다. 안전요원은 골목 놀이의 날이 끝날 때까지 자리를 떠나지 않고 교통을 통제한다. 인근에 거주하는 주민들의 불편을 최소화하고 안전을 확보하기 위해서다. 만약 길을 꼭 통과해야 한다는 사람이 있으면, 천천히 서행하도록 하고 자동차 옆에서 안전요원이 함께 걸으며 골목에서 노는 아이들에게 신호를 보낸다. 주민들의 불편을 최소화하면서 골목 행사에 함께 참여하고 있다는 마음을 심어주기 위해 꼭 필요한 전략이다.

2. 바깥에서 놀아야 큰다

　　교통 통제 표지판 너머로 보이는 아이들은 더없이 신난 표정이다. 신나게 스케이트보드를 타고, 축구공을 몰고 질주하기도 한다. 평소엔 자동차 때문에 길을 건널 때도 긴장하고 조심해야 했지만, 골목 놀이의 날 거리는 세상에서 가장 안전하고 즐거운 놀이터가 된다. 이 마을에서 2년 전 처음 골목 놀이를 추진한 비키Viki 씨는 짧은 시간 동안 마을의 분위기가 몰라보게 달라졌다고 설명했다.

"한 달에 두 번 정도라도 아이들이 자동차 없는 거리에서 마음껏 뛰어다니게 해주고 싶었어요. 골목의 날이 되면 주변에 사는 다양한 연령대의 아이들이 섞여서 함께 어울리죠. 우리 마을은 운이 좋은 것 같아요. 나이 차이가 많이 나는데도 큰 아이들이 어린 아이들을 잘 돌보고 잘 데리고 놀거든요. 아이들끼리 굉장히 친해졌어요."

　학교에서는 만나기 힘든 다른 연령대의 친구들과 뛰어노는 것도 골목놀이의 날이 즐거운 이유. 평소에는 고개를 숙이고 스마트폰만 보던 아이들도 이날은 나이도 성별도 잊고 신나게 뛰고 달린다. 이제 막 걸음마를 뗀 아기도 형과 누나들 틈에 끼어서 골목을 누비며 즐거워한다. 가까운 곳에 놀이터가 있지만, 아이들은 골목에서 이웃집 친구들과 어울려 노는 것이 더 즐겁다고 했다.

"여기에선 축구나 럭비도 할 수 있어요. 골목에서 하는 놀이는 학교에서 하기 힘들어요. 그래서 거리에서 노는 게 정말 신나고 재밌어요."

"저는 형제나 자매가 없어요. 집에서는 혼자 보드게임을 갖고 놀거나 스마트폰을 볼 때가 많아요. 그렇지만 골목에 나오면 동네 아이들과 같

이 놀 수 있으니까 정말 재밌어요."

　골목에서 뛰어놀면서 달라진 건 아이들만이 아니다. 어른들에게는 진짜 이웃이 생겼다. 평소 얼굴만 알고 지내던 마을 사람들이 한 달에 두세 번 골목으로 나오면서 인사를 나누기 시작했다. 그렇게 함께 아이들의 놀이를 지켜보면서 서서히 가까워졌다. 이날은 골목에서 즉석 바비큐 파티가 열렸다. 누군가 고기를 꺼내와 굽기 시작하자 사람들이 약속이나 한 듯 와인을 가져오고 곁들일 음식도 내오면서 그야말로 동네 잔치가 열렸다.
　처음 만났을 때만 해도 겨우 눈인사만 나누던 서먹한 이웃이었지만, 골목에서 함께 어울리면서 누구보다 가까운 친구가 됐다. 골목 놀이의 날이 아이들의 놀이를 넘어 사라져가던 끈끈한 마을 공동체까지 되살린 것이다. 골목 놀이의 날 창립자인 알리스 씨는 공동체 의식을 회복하는 것이

아이들이 일상적으로 밖에서 놀기 위해 꼭 필요한 조건이라고 덧붙였다.

"사실 골목 놀이의 날은 단기적인 해결책에 불과합니다. 일주일에 한

2. 바깥에서 놀아야 큰다

번, 한 달에 두 번이 아니라 아이들은 일상적으로 밖에서 놀 수 있어야 해요. 그래서 주변에, 이웃에 누가 사는지 아는 것이 무척 중요합니다. 부모가 없어도 이웃들이 우리 아이를 보살펴줄 거라는 신뢰가 생기기 때문입니다. 사람들이 나를 보살펴준다는 느낌은 안전한 공간을 만드는 중요한 요소입니다."

1960년대 미국 언론인 제인 제이콥스Jane Jacobs는 자동차 중심으로 이루어지는 도시계획에 반대하며 거리에 사람이 많아야 도시가 안전해진다는 주장을 펼쳤다. 그녀는 많은 사람이 '거리의 눈' 역할을 하며 지켜보기 때문에 범죄 예방에 기여할 것이라고 설명했다. 지금은 자동차로 꽉 찬 골목이지만 지역 주민들이 자발적으로 더 많은 시간을 거리에서 보낸다면 아이들 역시 더 안전하게 밖에서 놀 수 있을 것이다. 놀이 컨설턴트인 팀 길은 이런 이유로 골목 놀이의 날이 지역사회를 개선하는 촉매제라고 될 것으로 기대했다.

"부모와 이웃들이 자주 마주치면서 서로 이야기를 나누기 시작해요. 그것이 에너지를 끌어모아 지역 공원을 청소하게 만들지요. 또는 새로운 커뮤니티 그룹을 만들어 서로 돕는 방법을 찾으려고 합니다. 이웃이라는 관념이 구축되는 것이지요. 지역사회 구성원으로서 이웃을 알고 그들과 관계를 맺는 것입니다."

골목 놀이의 날은 물리적으로 아이들이 놀 수 있는 공간을 확보하는 것

뿐 아니라, 이웃과의 교류를 회복해 아이들의 놀이 세계가 안전하게 확장되는 것을 목표로 한다. 골목 놀이의 날을 시작했을 당시, 4세와 8세였던 알리스 씨의 두 아들은 이제 도시를 자유롭게 활보할 줄 아는 건강한 10대로 자랐다. 거리에서 놀아도 안전하다는 자신감으로 아이들의 세상은 더 넓어졌다. 알리스 씨는 아이들이 10년간의 골목 놀이를 통해 세상과 상호작용하는 방법을 배웠다고 회고했다.

"골목 놀이의 날의 장점 중 하나가 아이들이 또래 집단뿐 아니라 전 연령대와 소통한다는 겁니다. 어른하고도 상호작용을 하면서 사회성을 기릅니다. 학교에서는 배울 수 없는 것들이죠."

골목 놀이의 날이 계속된 지난 10년 사이 많은 변화가 있었다. 반대에 부딪혀 좌초될 뻔했던 골목 놀이는 이제 수신들이 마음만 먹으면 어느 거리에서도 실시할 수 있게 되었다. 1년에 한 번 시 의회에 간단한 신청서만 제출하면 된다. 자동차가 점령한 거리를 아이들에게 돌려주기 위해 영국 정부와 시민들이 함께 나선 것이다. 비용이 많이 들지 않고 절차가 간단하다는 점은 골목 놀이의 날이 10년 이상 지속될 수 있는 원동력이기도 하다.

바깥 놀이의 중요성을 사람들이 인식하게 된 것도 골목 놀이의 날 운동이 거둔 수확이다. 영국은 국가적 차원에서 놀이를 장려하고 확산시키기 위한 정책을 펴기 시작했다. 모든 주거 지역에 어린이가 무료로 이용할 수 있는 안전한 놀이 장소를 만들고 공공장소에서 아이들이 노는 것을 적극적으로 받아들여야 한다는 내용이다.

2. 바깥에서 놀아야 큰다

골목 놀이의 날을 중요 사례로 연구 중인 브리스톨 대학의 공공보건학과 엔지 페이지 교수는 GPS를 이용해 골목 놀이의 날에 참가한 아이들의 활동 변화를 꾸준히 관찰했다. 그 결과, 대부분의 아이가 하루 12~15분 정도 활동량이 증가한 것으로 나타났다.

"사실 청소년들은 적극적인 신체 활동에 관심이 없습니다. 그냥 친구들과 노는데 흥미가 더 많지요. 중요한 건 바깥에서 활동할 수 있는 사회적인 기회가 제공된다는 점입니다. 친구들과 함께 밖에서 놀 때 아이들은 적극적으로 신체 활동을 하게 되지요."

운동을 싫어하는 아이들도 친구들과 함께 바깥에서 놀다 보면 저절로 신체의 움직임이 늘어날 수밖에 없다. 이런 이유로 아동 비만이 심각한 사회문제로 떠오른 요즘, 바깥 놀이가 하나의 대안이 될 수도 있다. 신체 활동량 증가는 바깥 놀이로 얻는 다른 효과에 비하면 빙산의 일각에 불과하다. 바깥에서 함께 어울려 놀면서 아이들은 팀을 이루고, 타협하는 방식을 익히고, 어떻게 의사결정을 해 나갈지 조율한다. 이를 통해 리더십을 효율적으로 기르고, 사회생활에 필요한 여러 가지 능력을 배운다. 엔지 페이지 교수는 가장 놀라운 변화로 아이들의 독립심을 지목했다.

"지난 10년간의 경험으로 아이들이 바깥에서 활동하는 것에 자신감을 갖게 되었어요. 신체 활동의 또 다른 예측 변수로 독립적 이동성이라는 것이 있습니다. 연령대에 따라 나 혼자 혹은 친구들과 같이 지역 공원이나 지역 상가까지 나갈 수 있느냐는 것이지요. 영국의 경우, 아이들의 독립심이 크게 떨어진 상태였는데, 골목 놀이의 날을 진행하면서 아이들이 집 밖으로 더 많이 나갈 수 있게 되었습니다. 이 과정에서 자신감도 갖게 되었지요. 아이들은 더 많은 신체 활동을 하게 되고, 부모도 여유 시간이 더 생겼어요. 그뿐 아니라 아이들이 성인이 되었을 때 스스로 삶을 이끌어 나갈 능동적인 자립심을 기를 수 있었습니다."

브리스톨에서 시작된 골목 놀이의 날은 이제 영국을 넘어 전 세계의 거리로, 골목으로 퍼져 나가는 중이다. 10년 동안 골목 놀이의 날을 이끌어 온 알리스 씨는 골목 놀이의 성공을 위해서 꼭 필요한 4단계가 있다고 조언했다. 단순히 도로만 통제한다고 해서 되는 것이 아니라 지역 주민이 공감하고 적극적으로 참여할 때 비로소 골목 놀이의 날이 의미를 갖게 된다.

1단계   이웃들과 대화를 해야 한다

골목에 거주하는 주민들에게는 일주일이나 한 달에 한 번이라도 불편함을 초래할 수밖에 없는 일이다. 반대하는 이들에게는 골목 놀이의 날에 대해 상세하게 설명해주고, 주민이라면 누구나 동참하고 골목 놀이를 만들어가자는 소속감을 부여해야 한다.

2단계   관계 당국의 허가를 받아야 한다

도로를 막고 차량을 통제하는 과정이 필수인 만큼 시청이나 구청, 또는 경찰서 등 관계 당국의 허가를 필수적으로 받아야 한다. 브리스톨을 비롯해서 영국의 많은 시 정부는 '골목 놀이 정책'을 운영하고 있다. 그래서 1년에 한 번 신청서를 내면 정해진 시간 동안 도로를 통제할 수 있다.

3단계   모든 사람에게 알려야 한다

골목 놀이의 날이 열리는 것을 마을 주민뿐만 아니라 지역 사회 전체에 널리 알리고 홍보하는 것이 좋다. 공공 행사가 아니라 지역에서 주민들을 위해 열리는 행사인 만큼 우편함에 알림장을 넣거나 포스터를 붙이는 등 적극적으로 골목 놀이의 날을 알려야 한다.

4단계   도로를 차단하고 안전을 확보한다

골목을 지나는 자동차들이 차량이 통제된다는 것을 알 수 있도록 표지판을 준비해야 한다. 그리고 안전요원들이 상황을 알리면서 도로의 안전을 확보해야 한다.

이 네 가지 외에 다른 것은 필요하지 않다. 공간이 안전하다는 것만 인식하면 아이들은 알아서 자기들이 무엇을 하고 놀아야 할지 스스로 찾아내기 때문이다.

● '플레잉 아웃'이 제시하는 골목 놀이의 열 가지 장점

1. 아이들은 놀아야 한다

아이들의 놀이는 신체 및 정서 발달, 사회적 학습을 위해 매우 중요하며, 유엔아동권리협약에 의거한 기본적인 인권이다.

2. 골목은 아이들에게 텅 빈 도화지 같다

골목에선 특별한 장난감이 없어도 즐겁게 놀 수 있는 놀이에 주변의 사물을 사용하면서 환경에 대해서도 배울 수 있다. 골목은 아이들이 주도적으로 놀이를 할 수 있는 최적의 환경이다.

3. 아이들은 집 근처에서 놀아야 한다

기성세대가 어렸을 때는 과거 매일 집 근처의 거리에서 놀면서 놀이 공간을 확장해 나갔지만, 지금의 아이들에게는 그런 기회가 쉽게 주어지지 않는다.

4. 아이들은 활동적으로 놀기에 충분한 공간이 필요하다

도시의 집들은 작고 정원이 없으며 놀이터나 공원은 집에서 멀리 떨어진 곳에 있다. 따라서 골목은 아이들이 가장 빠르고 쉽게 접근할 수 있는 놀이 공간이다.

5. 골목 놀이는 공동체의 응집력을 증가시킨다

골목이라는 공동의 공간에 소속감을 제공하고, 모든 연령대의 이웃이 골목에서 어울릴 수 있다. 이를 통해 마을에 대한 책임감을 가질 수 있고, 이웃의 안전도 함께 의논하게 된다.

6. 골목 놀이는 새로운 상호작용의 기회를 제공한다

주로 또래 친구들과 어울리는 학교와 달리, 거리에서 놀면 다양한 이웃들을 만나게 되고 상호작용할 수 있는 연령대의 폭이 넓어진다. 아이들과 어른들 사이의 교류가 증가하면서 사회성을 개발할 수 있고, 친숙함과 신뢰를 쌓는 데 도움이 된다.

7. 아이들은 골목에서 놀면서 삶의 기술을 배운다

처음 보는 세상의 모든 것을 아이들은 신기하고 재미있는 놀 거리로 받아들이고 배우기 시작한다. 아이들은 자발적으로 자신이 속한 세계를 이해하고, 중요한 사회적인 기술을 배우게 된다.

8. 골목에서 노는 것은 '반反 감독적' 놀이를 허용한다

집에서 멀리 떨어진 공원이나 놀이터에 가기 위해선 부모의 도움이 필요하다. 하지만 집 앞 골목에서 논다면 부모에게 의지하지 않고 자발적으로 놀 수 있고, 부모들도 아이의 안전을 어렵지 않게 확인할 수 있다.

9. 골목은 '모든 여정의 출발점'이다.

골목에서 독립적으로 놀 수 있는 것은 아이들의 놀이를 확장하기 위한 첫걸음이다. 다른 친구를 만나러 가고, 집 근처의 공원에 가고, 학교에 스스로 갈 수 있는 자신감을 골목 놀이에서 얻을 수 있다.

10. 골목과 거리는 도시 공공 공간의 대부분을 구성한다

거리를 자동차가 지나다니고 주차를 위한 공간으로만 보는 것은 매우 협소한 시각이다. 도시는 골목과 거리를 통해 연결돼 있다. 거리는 사람들이 걷고, 앉아서 쉬고, 노래하고 춤을 출 수 있는 공간이기도 하다. 골목 놀이가 활발해지면 도시가 가진 거리의 본래 기능도 되살아난다.

정보

어린이에게 놀 권리를, 세계의 놀이 정책

영국

영국은 2008년 '공평한 놀이'를 표방하며 교육 기회와 놀이 기회가 모든 아동에게 공평하게 제공되어야 한다는 인식 아래 국가적인 놀이 정책을 펼치기 시작했다. 지역사회와 연계해 아동 놀이 전문인력을 배출하는 프로그램을 운영하고, 아이들이 집 근처에서 뛰어놀 수 있도록 주거 지역 근처에 공원을 늘려 아동 친화적인 도시를 만들기 위해 노력하고 있다. 이와 함께 2011년부터 '놀 시간을 만들자 Make time to play'라는 캠페인을 시행하고 있으며, 8월 첫째 주 수요일을 '놀이의 날'로 지정했다. 이날 영국 전역에서는 어린이와 그 가족들을 위한 놀이 행사가 진행된다. 영국 정부의 놀이 정책은 아동 정책의 일부로만 다루던 놀이를 중앙정부의 핵심 정책 과제로 설정하고 장기적인 계획을 진행하고 있다는 점에서 눈여겨 볼 만하다.

2. 핀란드

사교육 없이도 국제학생성취도 평가 PISA에서 선두권을 유지하는, 세계에서 첫손 꼽히는 교육 강국 핀란드. 아이들의 놀 권리를 보장하기 위해 정부가 직접 나서고, 아이들에게 놀이를 통한 학습을 경험하게 해야 한다는 내용이 법률에 명시돼 있다. 이를 기반으로 핀란드는 놀이도 일반 교육 제도처럼 누구나 평등하게 접근할 수 있도록 기회를 마련하고 있다.

교육문화부에 따르면 성장기 아이들은 하루에 최소 세 시간 이상 신체적인 활동을 해야 한다. 이를 공식적으로 보장하기 위해 초등학교 과정에 '야외 활동' 과목이 포함되어 있다. 날씨가 영하 15도 이하로 떨어지기 전까지는 야외 놀이를 적극적으로 권장하기 때문에 아이들은 겨울에도 눈밭을 구르며 바깥에서 뛰어논다. 학교에 들어가기 전까진 글자나 숫자를 가르치지 않지만, 핀란드 부모들은 걱정하지 않는다. 집중력이 향상되도록 마음껏 놀면서 창의력을 키우는 게 먼저라고 생각하기 때문이다. 핀란드 아이들은 오직 놀이를 통해서만 배우고 있다.

3. 독일

놀이터는 삶을 배우는 실험실이라는 게 독일의 놀이 교육 철학이다. 이에 따라 독일에서는 실외 놀이터를 아이들을 위한 친환경 놀이 공간으로 조성하고 있다. 초등학교의 방과 후 특별활동은 학습보다는 놀이가 중심이며, 혼자 하는 활동은 거의 이루어지지 않는다. 어렸을 때부터 협동 정신을 길러주기 위해 팀을 이뤄 스포츠 활동을 하거나 나무 공작, 점토 공예, 뮤지컬을 하는 등 다양한 놀이가 이루어지고 있다.

몸으로 부딪히는 경험을 강조하는 것도 독일 교육의 특징이다. 초등학교의 경우, 특별한 일이 없으면 쉬는 시간에는 교실에 머물지 못하고 반드시 밖으로 나가야 한다. 독일 아이들은 유치원 때부터 놀이 삼아 쇠망치나 톱, 정 등 공구를 이용해 아이들 스스로 장난감도 만든다. 실수로 손을 다치기도 하지만 독일 부모들은 그러면서 공구 사용법을 배울 수 있다고 생각한다.

4. 미국

아동의 발달에 놀이가 중요하다는 믿음과 함께 놀이의 기회는 삶의 위기에 처한 아이들에게도 공평하게 제공돼야 한다는 철학으로 '놀이 공간 프로그램Playspace Program'을 운영하고 있다. 쉼터에서 지내는 아이들이 발달 과정에 필요한 놀이를 놓치지 않도록 1990년대에 시작됐다. 이에 힘입어 소외된 지역에서도 아이들의 발달과 교육 단계에 맞춘 장난감 등을 갖추게 되었다.

19. 아이들에게 골목을 선물하라!

차가 다니지 않는 도로에서 마음껏 뛰어노는 영국 아이들의 모습은 놀이 공간 부재로 고민이 많았던 포항의 아빠들에게 신선한 충격을 주었다. 늘 그리워하던 추억 속 골목을 우리도 한번 되살려보자는 의견이 제시됐다. 텅 빈 놀이터 대신, 놀이동산의 거대한 시설물 대신, 골목에서 친구들과 뛰어노는 경험을 아이들에게 선물하고 싶었던 것이다. 한 번도 해본 적 없는 일이라서 잠시 망설이기도 했지만, 놀이에 목마른 아이들을 위해 아빠들은 용기를 내 골목 놀이의 날에 도전하기로 했다.

가장 중요한 건 아이들이 뛰어놀 공간을 마련하는 것이었다. 대규모 아파트 단지는 일일이 거주민들의 허락을 받는 것이 까다롭다는 판단 아래, 주택가의 골목을 탐색하고 나섰다. 가능하면 차량 이동이 적고 아이들이 마음껏 뛰놀 수 있도록 거리의 폭이 넓어야 한다는 게 아빠들이 생각하는 가장 중요한 조건이었다.

하지만 공간을 찾는 일부터 만만치 않았다. 평일 낮에도 빼곡하게 주차된 차들 때문에 아이들이 마음껏 놀기 어려운 곳이 대부분이었다. 아이들이 사는 곳에서 너무 멀어 낯선 공간이라는 느낌을 주면 제대로 놀지 못할 거라는 걱정도 앞섰다. 영국에서 선보인 골목 놀이의 날이 아이들이 익숙한 공간에서 놀 수 있도록 집 앞 도로에서 실시되는 것도 바로 그런 이유 때문이다.

오랜 토론 끝에 아빠들이 찾아낸 동네는 살고 있는 아파트에서 멀지 않고, 아빠 카페 회장인 박정호 씨의 어머니가 사는 곳이었다. 장소가 정해

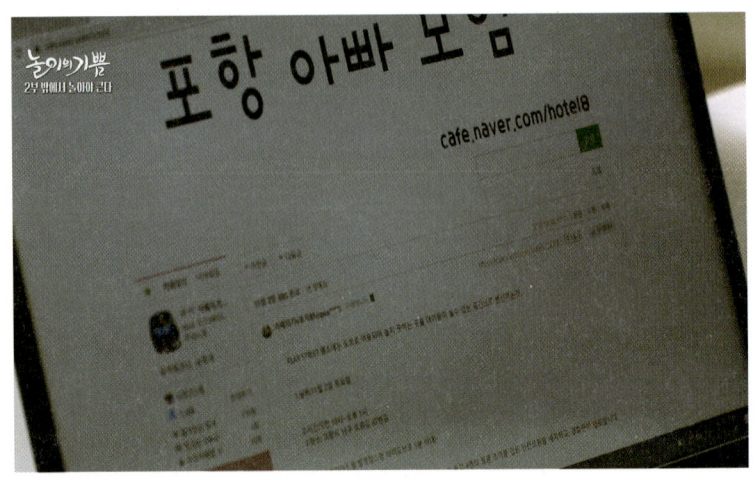

졌으니 이제 골목 놀이의 날에 필요한 1단계부터 차근차근 밟아야 했다. 동네 주민들에게 골목 놀이의 날에 관해 설명하고 허락을 구하는 과정은 아빠들에게도 큰 용기가 필요했다.

일단 조를 짜서 돌아다니며 동네 사람들에게 골목 놀이의 날을 설명하고 거리를 빌려달라고 양해를 구하기 시작했다. 사실 처음엔 말을 꺼내기도 힘들었다. 하지만 방학 내내 집에서 놀아야 할 아이들을 생각하며 아빠들은 용기를 냈다. 다행히 초인종을 누르고 골목 놀이의 날에 관해 설명하면 대부분의 주민이 기꺼이 찬성하며 아빠들의 도전을 격려해주었다.

하지만 주민들을 모두 만나는 건 쉽지 않은 일이었다. 생업을 미루고 찾아다녔지만, 비어 있는 집이 꽤 많았다. 골목 놀이의 날을 주민들에게 허락받기 위해선 며칠 동안 계속 찾아가 대문을 두드려야 할 상황이었다. 그때 아빠들에게 구원의 손길이 나타났다. 동네 반장님이 주민들에게 일

2. 바깥에서 놀아야 큰다

일이 알림장을 보내주겠다고 나선 것이다. 거듭 감사를 표하는 아빠들에게 반장님은 괜찮다며 격려를 아끼지 않았다.

"옛날에 우리 애들은 다 골목에서 놀았는데 요즘은 골목에도 이렇게 차가 많이 다니니 애들은 어디에서 노나 당연히 걱정스럽지요. 매일 하는 것도 아니고 어쩌다 잠깐 불편한 건데 그거 못 참겠어요? 걱정하지 마세요."

덕분에 한시름 던 아빠들, 친절한 반장님 덕분에 무사히 아이들이 놀 공간을 확보할 수 있었다. 이어 회장을 맡은 소은이 아빠 박정호 씨는 경찰서에 연락해 골목 놀이의 날에 관해 설명하고 허가를 받았다. 경찰서에서도 호의적이었다. 골목 놀이가 열리는 날, 도로 통제를 도울 담당 경찰

관을 파견해주기로 했다.

무사히 2단계를 마친 아빠들, 모든 사람에게 골목 놀이를 알려야 한다는 3단계는 인터넷을 이용할 계획이었다. 특히 아빠 카페 회원들의 호응이 뜨거웠다. 바깥에서 노는 것이 힘들어진 요즘, 아이 키우는 부모라면 한 번쯤 하게 되는 고민인 만큼 응원의 목소리도 높았다. 늦은 시간에 퇴근하고도 골목 놀이의 날을 홍보하느라 밤잠을 설치던 소은이 아빠는 날짜가 다가올수록 떨리고 긴장됐다.

"책임감이 생기더라고요. 영국에서는 잘 됐는데, 우리 애들은 아빠들이 준비를 제대로 못 해서 골목에서 못 놀게 되면 너무 미안한 일이잖아요. 잘 준비해서 우리 아이들도 활기차게 뛰어놀게 해주고 싶었어요."

2. 바깥에서 놀아야 큰다

영국 골목 놀이의 날 지침에 따라 3단계까지 준비를 마쳤다. 4단계 과정을 준비하기 위해 아빠들은 인근 문구센터를 찾았다. 도로를 통제할 때 필요한 형광색 조끼와 안전봉 등을 사기 위해서였다. 그런데 어느새 아빠들의 시선은 진열대 위에 놓인 장난감으로 쏠아졌다. 아빠들이 어렸을 때는 조약돌이나 나뭇가지 하나만 있어도 즐겁게 놀았지만, 요즘 아이들과는 길에서 뭘 하고 놀아야 할지 막막했던 것이다.

사실 아빠들은 장난감 없이 아이랑 놀아본 경험이 많지 않았다. 아이와 놀기 위해 시간을 내서 놀이동산이나 키즈 카페를 찾을 때가 많았고, 집에서 놀 때도 퍼즐이나 블록처럼 장난감을 가지고 놀 때가 더 많았던 것이다. 영국에선 골목 놀이의 날 어른들이 별다른 장난감을 준비하지 않는다. 도로에 그림을 그릴 수 있는 분필이나 여럿이 함께 놀 수 있는 줄넘기 정도를 준비하라고 권유한다.

하지만 한국의 아빠들은 장난감의 유혹에 무너졌다. 분필과 줄넘기 외에도 굴렁쇠와 색종이, 팽이까지 아이들의 놀잇감을 잔뜩 산 것이다. 길에서 놀아본 적 없는 아이들에 대한 배려였다. 열심히 준비했지만, 과연 골목놀이의 날이 요즘 아이들에게 놀이의 기쁨을 선사해줄 수 있었을까?

2. 바깥에서 놀아야 큰다

정보

사회성 발달과 바깥 놀이

밖에서 논다는 건 곧 친구들과 함께 어울려 논다는 것을 의미한다. 캐나다의 뇌 과학자 세르지오 펠리스Sergio Pellis 레스브리지대학University of Lethbridge 교수는 일정한 규칙을 따르는 놀이를 하면 사회적인 능력이 발달한다는 사실을 30여 년간의 쥐 실험으로 증명했다.

어렸을 때 마음껏 논 쥐가 성체가 된 뒤에도 새로운 집단에 잘 적응하고 짝짓기나 먹이를 지키는 사회적인 활동 능력이 더 뛰어났다. 다른 쥐들과 재미있게 놀기 위해서 이기고 싶은 욕심을 참는 등 충동 조절을 한 결과, 감정과 행동을 조절하는 영역인 내측 전전두피질이 발달한 것이다.

쥐와 마찬가지로 인간을 비롯한 포유류는 놀이에 관여하는 뇌 영역이 같기 때문에, 인간 역시 일정한 규칙을 따르는 놀이를 하면 사회 활동과 관련된 뇌 기능이 발달한다고 펠리스 교수는 설명했다.

놀이 상담실

Q. 맞벌이 부부입니다. 아이들에게 충분히 바깥 놀이의 기회를 주지 못하는 것 같아서 안타까울 때가 많습니다. 아이들에게 충분한 바깥 놀이 시간은 하루에 얼마나 되는지 궁금합니다. 또 하나, 저 같은 맞벌이 부부는 아이와 어떻게 놀아줘야 할까요?

A. 미국 소아과학회는 하루 한 시간 정도의 야외 활동을 권장합니다. 아이들이 밖에서 놀면 비만율이 낮아지고, 바깥 활동이 적은 아이보다 더 넓은 시야를 기를 수 있습니다. 스웨덴에서는 눈이 오나 비가 오나 하루 세 시간 정도 바깥 놀이를 하게 합니다.

바깥 놀이 시간은 아이들의 특성이나 연령대에 따라 달라지기 때문에 정확히 하루에 몇 시간이라고 말할 순 없지만, 우리나라의 경우 어린이집이나 유치원에서는 하루 한 시간 이상 실외활동을 하도록 시간표가 짜여 있습니다. 주중에 시간을 내기 어렵다면 주말에 바깥에서 충분히 뛰어놀 수 있는 시간을 마련하는 것이 좋습니다. 이때 중요한 건 차를 타고 멀리 가는 것보다 집 근처에서 익숙하게 놀 수 있는 장소를 찾는 것입니다.

놀이의 중요한 특성은 반복적이고 예측 가능한 경험이어야 한다는 것입니다. 만약 오늘 충분히 놀지 못했다면 다음에 뭘 하고 놀지 아이들 스스로 계획을 세울 수 있어야 합니다. 따라서 새로운 장소에서 노는 것보다는 가족들이 주말마다 아지트처럼 찾아갈 수 있는 집 인근의 공원이나 놀이터에서 규칙적인 바깥 놀이가 이루어지는 것이 좋습니다.

Q. 남자아이를 키우고 있는데 놀이가 점점 거칠어져 걱정입니다. 칼이나 총을 들고 전쟁놀이를 하거나, 때리고 밀고 차는 것처럼 공격적인 놀이를 즐겨 합니다. 공격적으로 노는 아이를 그냥 보고만 있어도 괜찮을까요?

A. 예전에는 아이들이 공격적인 놀이를 즐기는 것이 정서적으로 좋지 않다고 생각하는 경우가 많았습니다. 하지만 최근 연구에서는 공격적이고 거친 몸싸움 놀이가 친구 관계를 형성하고 유지하는 데 도움이 된다는 분석도 나오고 있습니다.
공격적인 놀이는 사회 놀이와 역할 놀이가 중첩된 형태로, 실제 서로를 공격하는 것이 아니라 공격하는 것처럼 가장하는 놀이입니다. 따라서 아이들이 실제로 싸우는 모습과는 다른 시선으로 봐야 합니다. '싸움'은 특정한 장난감을 차지하기 위해 벌어지는 경우가 많지만, 공격적인 놀이는 장난감을 차지하기 위해 벌어지지 않습니다. 오히려 놀잇감 대신 자신들의 몸을 이용해서 놀다가 벌어집니다. 진짜 싸움과 공격적인 놀이를 구분하는 방법은 간단합니다. 아이들의 표정을 살펴보는 것입니다. 서로 때리는 시늉을 하지만 웃고 있거나 긍정적인 모습이 보인다면 아이들은 지금 놀이하는 중입니다. 이렇게 거칠게 놀면서, 아이들은 자신의 신체를 조절하고 통제하는 법을 익힙니다. 종종 격하게 놀다가 갈등이 발생하기도 하지만, 이때도 아이들끼리 협의하고 조율하면서 갈등을 해결해나가는 능력을 키우며 사회적인 기술을 습득하게 됩니다.

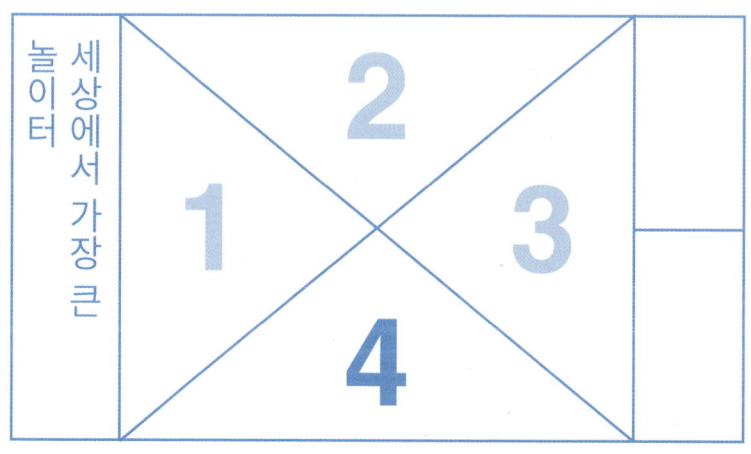

20. 바깥에서 놀아야 건강하다

골목 놀이의 특징은 장난감 같은 별다른 매개체가 없어도 돌멩이나 나뭇가지 같은 자연의 놀잇감을 갖고 신나게 뛰어 놀 수 있다는 것이다. 놀이의 주체는 당연히 아이다. 부모 세대가 어렸을 적, 아이들은 골목에서 땀 흘리며 온몸으로 놀았다. 하지만 요즘 아이들의 놀이는 정확히 반대되는 모습이다. 어렸을 때부터 익숙해지는 미디어 시청은 아이들의 놀이를 수동적으로 길들이는 주범이다. 놀이를 위해 종종 찾는 키즈 카페나 놀이동산에선 상호작용보다는 놀잇감에 집중하게 된다.

전문가들이 가장 우려하는 것은 몸을 사용하는 신체놀이가 현격히 적어졌다는 것이다. 모래밭에서 뒹구는 것도 개울에 발을 담그는 것도 조심

스럽다. 농장 체험, 시골 체험, 숲 체험 등등 수많은 체험이 그 자리를 차지해버렸다. 부모들이 이런 다양한 체험터로 아이들을 끌고 다니는 사이 우리 아이들에겐 몸을 이용해 자신을 표현하는 것이 낯선 것이 되었다.

2. 바깥에서 놀아야 큰다

영국 브리스톨 대학에서 공공보건 정책을 연구하는 엔지 페이지 교수는 바깥 놀이가 아이들의 신체 발달에 굉장히 중요하다고 강조했다.

"영국에서 시행하고 있는 골목 놀이의 날은 새롭고 멋진 방법이에요. 비록 짧은 시간 진행된다는 게 아쉽지만 골목 놀이의 날은 신체 활동 시간을 제공한다는 면에서 중요한 의미를 지닙니다. 연구 결과, 아이들은 실내에 있을 때보다 바깥에 있을 때 신체 활동이 3배에서 5배까지 더 많아진다고 합니다. 연령이나 성별 거주지와는 전혀 상관없어요."

바깥에서 놀 때 아이들의 신체에는 어떤 변화가 생길까? 전문가의 도움을 받아 아이들의 신체 변화를 측정해봤다. 우선 아이들의 움직임을 측정하기 위해 신체 활동과 활동 강도 등을 측정하는 도구인 동작가속도계를 채워준 뒤, 한 시간 동안 실내에서 원하는 대로 놀 수 있는 자유 놀이를 하게 했다. 그리고 아이들이 움직이는 동안 활동 강도를 분석하고 에너지 소모량을 측정했다. 한 시간의 실내 자유 놀이가 끝난 뒤, 바깥으로 향했다. 인근에 있는 공원에서 역시 한 시간 동안 자유롭게 노는 시간이 주어졌는데, 추운 날씨였지만 아이들은 상관없이 즐거운 표정으로 뛰어놀았다.

실내에서 놀 때와 가장 차이 나는 부분은, 바깥에서 노는 한 시간 동안 아이들의 놀이에서 수많은 도전이 이루어졌다는 것이다. 높은 바위에 기어오르거나 무거운 나무 조각을 다른 곳으로 옮기며 아이들은 즐거워했다. 낙엽을 긁어모아 이불을 만들며 상상의 나래를 펼치기도 했다. 특별한 놀이기구나 장난감은 없어도, 공원에서 주운 나뭇가지가 아이들에게

최고의 놀잇감이 되어주었다. 나뭇가지로 땅을 파고 그림을 그리며 신나게 놀다 보니 어느새 한 시간이 훌쩍 흘렀다. 과연 아이들의 놀이에는 어떤 차이가 있었을까?

  신체 활동을 할 때 어느 정도 힘이 필요한지에 따라 저강도 운동, 중강도 운동, 고강도 운동 세 단계로 나뉜다. 실내와 바깥에서 각각 한 시간씩 뛰어논 후 아이들의 활동량을 분석한 결과, 바깥에서 놀 때 활동량이 훨씬 더 크고 에너지 소모도 많은 것으로 확인됐다.

  특히 중강도와 고강도를 포함하는 역동적인 활동은 바깥에서 놀 때가 압도적으로 높았다. 따라서 실내에서 노는 시간이 많은 아이일수록 운동량은 더 적을 수밖에 없다. 대체로 평지인 실내에서는 지형의 높낮이가 다양하지 않기 때문에 정적인 저강도 활동이 많아진다. 아무리 아이가 열심히 몸을 움직이며 놀아도 중고강도 이상의 활동이 어려운 것이다.

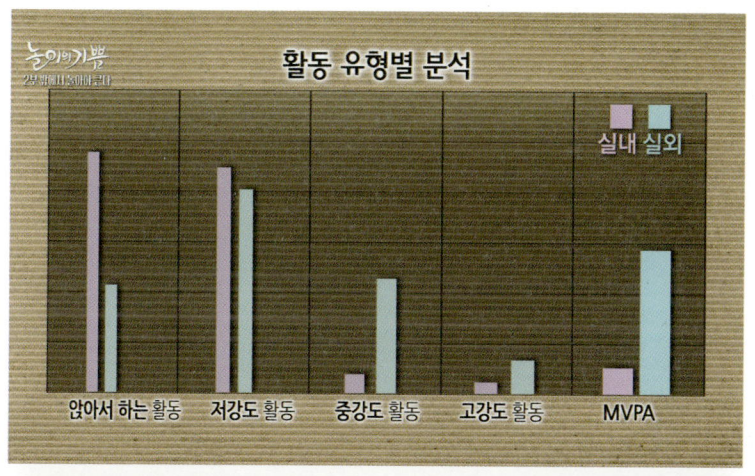

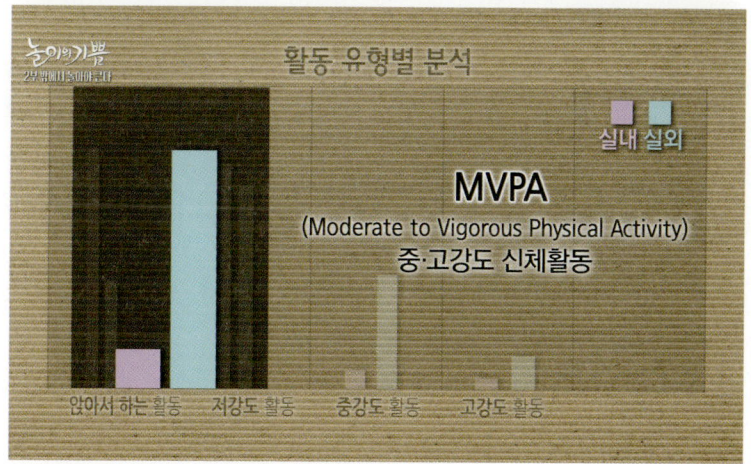

실험을 진행한 연세대학교 영유아보육연구실 이지현 연구원은 아이들의 신체 발달을 위해서 바깥 놀이는 필수라고 강조했다. 자신의 몸으로 다양한 움직임을 실험해보고 도전하면서 다양한 발달이 이루어진다는 것이다.

"영유아기는 신체뿐만 아니라 인지, 정서 등 다양한 부분이 발달하는 시기이기 때문에 바깥 놀이를 통해 도전하고 시험하는 경험이 다른 부분의 발달에 큰 도움이 됩니다. 유치원에서도 체육 활동을 하고 놀이학원에 보내기도 하니까 굳이 바깥 놀이가 필요 없다고 말하는 부모들도 있지만, 중요한 건 아이가 수동적으로 신체 활동을 하면 자기 한계나 가능성을 스스로 시험하고 도전하는 데 어려움을 느낀다는 거예요. 위험에 부딪혔을 때, 한계를 느낄 때 어떻게 대처해 나가는가 하는 능력은 자발적인 바깥 놀이를 통해서만 키울 수 있습니다."

세계보건기구는 5~17세 청소년은 하루 평균 한 시간 이상 신체 활동을 해야 심장과 혈관을 건강하게 유지할 수 있다고 강조한다. 특히 최소한 일주일에 세 번은 격렬한 운동을 할 것을 권장한다. 바깥에서의 신체

2. 바깥에서 놀아야 큰다

활동은 근육과 뼈를 건강하게 발달시키고 우울증 발병 위험을 줄인다는 결과도 보고된 바 있다.

특히 한국의 어린이 네 명 중 한 명은 일주일 동안 바깥에서 운동이나 놀이를 1분도 하지 않는 것으로 나타났는데, 건강을 위해서라도 하루에 한 시간 정도는 바깥에서 산책하거나 뛰어노는 시간이 필요하다고 전문가들은 조언한다.

● **아이들에게 거칠게 뛰어놀 자유를 허락하라**

아이들이 몸을 이용해 달리고, 뛰어오르고, 매달리면서 상당한 에너지를 소비하는 것을 거친 신체 활동이라고 표현한다. 하지만 기

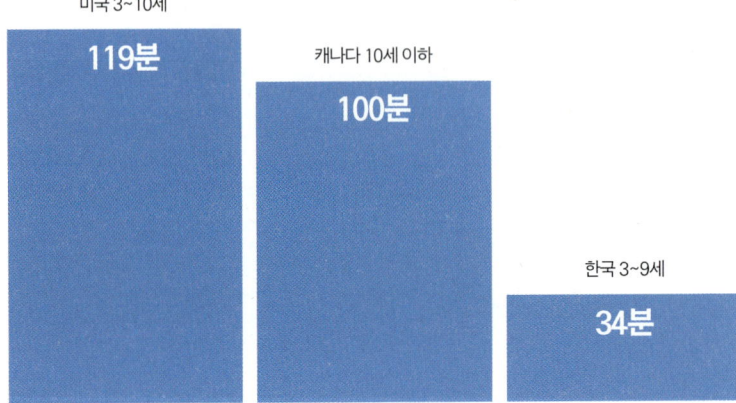

어린이 실외 활동 평일 하루 평균시간 비교
(2013~2015년 18세 이하 어린이·청소년 8000명 조사)

미국 3~10세 119분
캐나다 10세 이하 100분
한국 3~9세 34분

자료: 국립환경과학원

술 발달로 현대인들이 움직일 기회가 점점 줄어들면서, 우리 아이들에게도 이런 생활 방식이 그대로 이어지고 있다. 국립환경과학원이 2013년부터 3년간 18세 이하 어린이와 청소년 8000여 명을 성, 나이, 연령대별로 나눠 23개 노출계수를 적용한 결과, 우리나라 아이들은 하루 평균 실외활동 시간은 미국, 캐나다 어린이의 30% 수준에 불과한 것으로 드러났다. 노출계수란 환경오염물질 노출량을 평가하기 위한 다양한 변수를 의미하는데, 23개의 조사 항목 중 실외활동 시간이 포함돼 있다. 아이들이 하루 동안 들이마시는 공기를 측정한 호흡률도 조사 항목 중 하나인데, 미국 어린이들과 비교해 다소 낮은 것으로 확인됐다.

2. 바깥에서 놀아야 큰다

하루에 119분을 바깥에서 보내는 미국 아이들이나 100분을 보내는 캐나다 아이들과 비교해 우리 아이들이 바깥에서 보내는 시간이 이렇게 적은 이유는 무엇일까? 어린이집이나 학원 같은 실내 교육기관에서 보내는 시간이 외국보다 훨씬 길고, 실내에서 TV를 시청하거나 게임을 즐기는 아이들이 더 많기 때문이다. 전문가들은 편하게 뛰어놀 수 있는 외부 공간이 부족한 것도 문제라고 지적했다.

실내에서 모든 것을 해결할 수 있는 현대 사회에서 신체 활동의 제약은 아이들의 성장과 정서 발달의 불균형을 초래한다. 아이들이 다양한 형태로 움직이면서 다소 과격하게 노는 것은 신체의 건강뿐만 아니라 두뇌와 인지 발달을 촉구하는 기회이기도 하다.

아이들에게 바깥 놀이가 중요한 건 네모반듯하게 규격화된 실내 공간에서 신체적인 도전의 기회를 주지 않기 때문이다. 마당 한가운데서 돌을 줍거나, 울퉁불퉁한 바닥이나 신경 써서 장애물을 피해야 하는 길을 달리는 것은 아이들의 움직임을 자극한다. 신체의 모든 요소를 움직여서 움직이는 활동은 근력과 민첩성, 순발력을 길러준다. 이러한 지각 운동 기능의 발달은 뇌 발달을 자극한다.

아이들은 대문만 나서면 무작정 달리기 시작하거나 높은 곳에서 뛰어내리는 행동을 해 부모의 간담을 서늘하게 만들곤 한다. 아이들의 거친 신체 활동을 위험하다고 무조건 막기보다는 마음껏 뛰고 달릴 수 있는 환경을 만들어줘야 한다. 아이들은 거친 신체 놀이를 통해 자신의 신체에 대한 탐색과 발달의 기회를 갖기 때문이다. 어느 정도 높이에서 뛰어내려도 괜찮은지 도전하고, 실패하더라도 재도전해서 성취했을 때 아이들은 자신감을 얻게 된다.

정서적인 안정을 꾀할 때도 거친 신체놀이는 유용하다. 에너지를 방출하지 못한 아이들은 계속 움직이거나 산만하게 행동하는 경우가 많다. 반대로 실컷 신체놀이를 하고 난 아이는 조용히 앉아서 정적인 활동에 꽤 오랫동안 집중한다.

전문가들은 아이들이 매일 최소한 한 시간 이상 바깥에서 놀아야 한다고 권유한다. 바깥은 실내보다 더 자유롭고 거친 신체놀이가 빈번하게 이루어질 수 있기 때문이다. 꾸준한 바깥 놀이를 통해 에너지를 발산하면서 자신의 신체 한계를 알고 또래들과 힘을 조절하면서 놀 때 아이들은 몸도 마음도 건강하게 성장한다.

정보

바깥 놀이와 스트레스

햇빛을 쬐면서 땀을 흘리는 바깥 놀이는 아이들의 심신을 다스리는 데도 중요하다. 폭력에 노출되거나 TV에서 자극적인 장면을 봤을 때, 스트레스 호르몬인 코르티솔Cortisol이 과다하게 생성된다. 코르티솔 농도가 높아지면 기억을 담당하는 뇌의 해마가 피해를 받아 집중이 잘 안 되고 기억력이 떨어진다.

반면 눈을 통해 햇빛이 들어오면 행복과 안정감을 주는 신경전달물질인 세로토닌 분비가 촉진된다. 그뿐 아니라 흙 속에도 세로토닌을 유발하는 박테리아가 서식하고 있어서 호흡을 통해 체내에 들어간다. 따라서 바깥 놀이를 하면서 햇빛을 자주 쬐고 흙 놀이를 많이 하는 아이들은 세로토닌의 영향을 받아 성격이 부드러워지고 긍정적인 사고를 하게 될 확률이 높다.

정보

바깥 놀이와 눈 건강

2017년 최근 성장기 어린이들에게서 증가하고 있는 근시도 바깥 활동을 자주 하지 않는 탓에 발생하는 것일 수 있다는 연구 결과가 발표됐다. 미국 오하이오주립대학Ohio State University 도널드 무티Donald Muti 교수는 8~9세 아이들 500명을 5년 동안 조사했는데, 그중 근시인 100여 명이 야외 활동을 다른 아이들보다 적게 한 것으로 나타났다.

근시는 물체의 상이 시각세포가 있는 망막까지 도달하지 못해 멀리 있는 사물이 잘 보이지 않는 상태로, 신경전달물질인 도파민Dopamine이 부족해도 생길 수 있다. 햇빛을 받으면 망막에서 도파민이 분비돼 성장기 어린이의 안구가 지나치게 커지지 않도록 조절한다. 도파민이 부족하면 안구가 커져 망막까지의 거리가 멀어지고, 결국 근시가 생길 수 있다.

21. 놀이가 사라진 놀이터

거대한 도시는 아이들이 뛰어놀던 골목을 밀어내고, 놀이터라는 새로운 문물을 소개했다. 놀이터는 자연이 사라진 산업도시의 산물이다. 도시가 발달하기 전에는 놀이터가 따로 필요 없었다. 아이들은 어디서나 놀았다. 집 앞 골목길이나 공터는 가장 즐거운 놀이터였다. 하지만 어른들이 일하러 간 사이, 길에서 놀던 아이들이 다치는 사고가 늘어나자, 안전하게 놀 수 있는 공간으로 만들어진 것이 바로 놀이터다.

육아정책연구소의 설문 조사에 의하면 아이들이 가장 자주 찾는 놀이시설은 동네 놀이터로 확인됐다. 그런데 문제는 만족도 부문에서 14개 놀이시설 중 13위를 차지했다는 것이다. 즐겨 찾지만 만족할 수 없는 곳. 아이들이 우리나라의 놀이터에 내린 평가에는 실망과 아쉬움이 담겨 있다. 서울시 창의놀이터사업의 자문을 담당한 진승범 건축가는 현재 우리나라의 놀이터는 아이들의 흥미를 끄는 데 실패했다고 진단한다.

"가장 큰 문제는 놀이터가 재미없다는 겁니다. 아이들이 놀이터에서 즐겁게 놀아야 하는데 천편일률적이고 어디나 다 있는 비슷한 시설물들이 아이들의 흥미를 빼앗는 거죠. 우리나라에선 공원법상의 어린이공원, 주택 건설 기준 규정에 따른 놀이터 같은 놀이터들이 흔히 만들어지고 있는데, 이런 놀이터는 형식적인 공급에 맞춰지기 마련입니다. 무엇보다 아이들에게 놀이 공간이 필요하다는 인식이 부족한 게 가장 큰 문제입니다."

주요 놀이 장소

- 집 72.7%
- 놀이터, 공원 18%
- 학교 3.4%
- 유료 놀이시설 3%
- 친구집 1.8%
- 기타 1.1%

지역사회 놀이시설 이용 횟수와 만족도(이용 횟수는 월별, 만족도는 5점 만점 기준)

	이용 횟수	만족도
아파트 단지·주택 놀이터	8.99건	3.42점
키즈 카페	1.05건	3.76점
수족관·동물원·식물원	0.33건	4.06점
놀이공원	0.35건	3.94점
어린이·일반 도서관	0.27건	3.91점

자료: 육아정책연구소, 〈아동의 놀 권리 강화를 위한 지역사회 환경 조성 방안〉, 2017

놀이터가 골목의 빈자리를 대신하게 된 건 1970년대 급속한 경제 성장과 함께 도시화가 이뤄진 뒤다. 당시 아파트 붐이 불면서 공동 주택을 지을 때는 반드시 어린이 놀이터를 조성하도록 하는 법적 기준이 마련됐다.

2. 바깥에서 놀아야 큰다

1973년 주택건설촉진법에 의하면 어린이 놀이터는 최소한 그네, 미끄럼틀, 철봉, 모래판을 갖추고 있어야 한다고 규정돼 있다. 당시 아파트마다 찍어낸 듯 똑같은 놀이터들이 생긴 가장 큰 이유다.

2000년대에 들어서면서 변화의 바람이 불기 시작했지만, 안전과 위생을 위해 모래 대신 우레탄 고무 바닥이 깔린 놀이터가 유행하기 시작했다. 이 시기에 지어진 놀이터는 정글짐과 철봉 대신 우주선이나 돛단배 같은 독특한 시설물을 중앙에 배치한 것이 특징이다. 전문가들은 놀이터가 놀이시설을 공급하는 업체에 의해 주도적으로 만들어지면서 아이들이 바깥 놀이의 장점을 온전히 경험할 수 있는 놀이 공간을 잃었다고 지적한다.

정책 수요자와 공급자의 시각이 엇갈리는 가장 대표적인 공간은 놀이터가 아닐까? 집 밖에 나가서 뛰어놀고 싶은 아이들에게 놀이터는 너무 멀거나 즐겁게 놀 만한 놀이기구가 없는 곳이다. 재미가 없으니 아이들이 모이지 않고, 같이 놀 친구가 없어 놀이터에 가지 않는 악순환이 이어진다. 문제는 또 있다. 아파트 단지 안에 지어진 놀이터가 아닌 경우, 걸어서 가기 어려울 정도로 접근성이 떨어지는 곳이 많다는 것이다.

아이들이 바깥에서 잘 놀기 위해서는 무엇보다 접근하기 쉽고, 재미를 발견할 수 있는 놀이 공간을 만드는 것이 우선이다. 매년 서울에서 열리는 '어린이 놀이터 국제심포지엄'은 전 세계의 다양한 놀이터와 놀이 정책을 함께 고민하기 위해 만들어진 자리다. 관련 학자들과 놀이 전문가뿐 아니라 일선에서 놀이터를 직접 설계하고 디자인하는 건축 전문가들이 함께 참여해 심도 있는 논의가 이뤄진다.

덴마크에서 온 건축가 애나 하셀Anna Hassel 씨는 학교 운동장을 활용한 놀이터 프로젝트를 소개했다. 그녀는 어린이 다섯 명 중 한 명이 비만인 상황에서 놀이 공간의 부족을 해소하고 신체 활동을 권장할 수 있는 곳으로 학교 운동장에 주목했다.

"덴마크는 학교의 울타리를 없애고 열린 공간으로 만들어 주민들을 불러들이고 있어요. 지역사회의 중심 거점으로 활용하려는 목적이죠. 아이들에게는 다양한 방식의 놀이 공간이 필요합니다. 하나의 넓은 공간은 공놀이를 하기에는 좋지만, 두 살짜리 아이에게는 다른 공간이 필요하지요. 모르는 아이들과 어울려 놀 수 있는 공간도 있어야 하고요."

그녀가 제안한 건 전통적인 형태의 놀이터가 아니다. 학교 운동장에 운동기구나 놀이시설을 들이는 대신, 신체 활동을 즐기지 않는 아이들을 위한 공간을 설계했다. 예를 들어 잘 움직이지 않지만 친구와 어울리기를 원하는 아이들을 위해 같이 대화하면서 이용할 수 있는 원형 그네를 설치했다. 스포츠에서 이뤄지는 경쟁을 즐기지 않는 아이들을 위한 공간도 필요했다. 가까운 곳에서 친구들의 대결을 편하게 볼 수 있어야 하고, 마음만 먹으면 동참 가능한 기회가 열려 있어야 한다. 활동이 적은 여자아이들은 통합 공간을 만들어서 안전한 공간에서 도전적인 활동이 가능하도록 배려했다. 그 결과, 해당 지역 학생들의 신체 활동이 하루 20분 늘어난 것으로 확인됐다.

   학교 운동장 개선의 성공적인 경험을 바탕으로 덴마크는 도시에 있는 다양한 공공건물과 장소들을 놀이가 가능한 공간으로 활용할 계획이다.

놀이터가 지역사회의 중심에 있고, 다양한 연령대의 지역 주민들이 적극적으로 사용할 때 아이들이 더 안전하게 놀 수 있다고 보기 때문이다. 더불어 놀이를 통해 도시 속 다양한 공간을 발견해 나가는 것도 상상력을 자극하고 놀이를 즐겁게 만드는 요소가 될 수 있을 거라고 애나 씨는 소망했다.

"아이들에게 놀이 공간은 새로운 것을 실험할 수 있는 중요한 장소예요. 그런데 놀이 공간에는 아이들만 있는 게 아니잖아요. 부모도 함께 시간을 보내죠. 놀이 공간을 아이들만의 방법으로 놀 수 있는 곳이면서 동시에 부모에게 필요한 공간으로 만들어 나가려고 해요."

놀이터는 학교처럼 지역사회의 중심에 위치해야 한다는 것이 전문가들의 공통된 견해다. 우리나라의 경우, 놀이터의 위상이 낮고 아이들이 놀 시간이 부족하다 보니 놀이터가 구석진 곳에 자리하고 있는 경우가 많다. 세종대학교 사회복지학과 박현선 교수는 놀이터에 대한 인식을 바꿔야 할 때라고 강조했다.

"놀이터는 아이들이 가장 접근하기 좋은 곳에 있어야 합니다. 그리고 지나치게 놀이기구에 의존하지 않고, 주도성과 창의성을 발휘하며 놀 수 있어야 하죠. 지금의 놀이터는 너무 아동들의 놀이를 위한 시설 중심으로 설계돼 있어요. 다양한 연령대의 아이들이 함께 어울려 놀 수 있도록 다시 설계되어야 한다고 생각합니다. 학교에서도 공부하는 공간, 체육 공간, 놀이 공간 이렇게 나누는 것이 아니라 놀이의 요소가 곳곳에 숨어 있는 공간으로 혁신해야 할 필요가 있다고 생각합니다."

천편일률적인 놀이기구의 조합에서 벗어나는 것도 시급한 문제다. 아이들은 공간을 탐색하고 놀면서 세상을 배우고 스스로 문제를 해결해 나가는 힘을 기른다. 그네나 시소처럼 어디서나 볼 수 있는 놀이기구로 꽉 찬 놀이터는 놀이에 대한 어른들의 강박관념이 만들어낸 결과물일 뿐이다. 이런 놀이터에서 아이들이 주도적으로 노는 것은 쉽지 않은 일이다.

아이들이 상상력을 발휘하고 그 안에서 스스로 즐거움을 발견할 수 있는 여백의 공간이 놀이터에도 필요하다. 놀이기구는 아이들의 놀이를 보조하는 역할을 할 뿐이다. 놀이기구를 늘어놓는 대신 자연의 재료를 접하면서 목적 없이 놀 수 있는 공간이 되어야 한다. 어른들이 생각하는 놀이터가 아니라, 놀이터다운 놀이터를 아이들에게 돌려줘야 한다.

정보

다른 나라의 놀이터는?

핀란드

자작나무 숲이 전 국토를 뒤덮은 핀란드 아이들은 숲에서 논다. 숲속 놀이터에서 나뭇가지를 주워 자신만의 아지트를 만들고, 나뭇잎과 꽃잎으로 소꿉놀이를 한다. 수도 헬싱키 인근 눅시오 국립공원의 자연학교 프로그램은 아이들이 자연과 가까워질 수 있도록 돕는 프로그램으로 유명하다.

호주

자연 그대로의 형태를 최대한 살려 만든 놀이터가 특징이다. 나무의 질감을 최대한 살린 놀이기구에서 흙과 모래를 마음껏 만지고 놀 수 있도록 만들었다. 축구장 네 개를 합친 크기를 자랑하는 시드니의 대형 놀이터에는 터널이나 인공 암벽, 나무집 등 놀이기구가 열두 개만 설치돼 있다. 아이들이 마음껏 뛰놀 수 있도록 대부분 빈 공간으로 남겨둔 것이다.

일본

안전을 중요하게 생각하지만 어린이 놀이터에서는 모험을 강조한다. 1979년부터 모험 놀이터를 만들기 시작했다. 현재 전국 300여 개의 모험 놀이터가 아이들의 사랑을 받고 있다. 모험 놀이터에는 흔히 볼 수 있는 그네나 시소 대신 불을 가지고 놀 수 있는 화로와 나무를 타고 오를 수 있는 구조물이 설치되어 있다. '플레이 리더 play leader'라고 불리는 안전요원이 배치되어 있지만, 아이들의 안전을 지키는 역할만 할 뿐 아이들의 놀이에는 거의 개입하지 않는다.

22.   놀이와 안전을 둘러싼 딜레마

놀이터는 직접 이용하는 아이들과 아이들의 놀이를 지켜보는 부모들의 의견이 충돌하는 공간이기도 하다. 아이들은 재미를 최대한 추구하며 뛰어놀고, 부모들은 무엇보다 안전을 중요하게 여기기 때문이다. 과연 누구의 선택이 옳은 걸까? 전문가들은 놀이에 있어 도전과 모험은 놓쳐서는 안 될 가치라고 강조한다. 연세대학교 아동가족학과 김명순 교수는 아이의 도전에 부모는 믿음과 지지를 보낼 필요가 있다고 주장했다.

"놀이는 단순히 즐기는 것, 부담이나 책임감을 느끼지 않고 그저 즐거움만 추구하는 행위가 되어야 합니다. 그런데 안전하게 놀아야 한다는 강박관념이 아이들의 놀이를 가로막고 있어요. 호주 부모와 한국 부모를 비교한 자료에 따르면 바깥 놀이에서의 위험 감수 행동에 대해 호주 부모들은 아이들이 새로운 것을 배울 때 신체적 위험을 감수하는 것이 필요하며, 아이들 스스로 위험을 감지하고 피하는 방법을 터득한다고 믿는 것으로 나타났습니다."

반면 우리나라 부모들의 입장은 정반대였다. 아이들과 함께 노는 놀이터 이용자가 아니라 따로 떨어져서 감독하고 관리하는 역할을 하면서 아이들의 놀이를 신뢰하지 못한다는 조사 결과가 나온 것이다. 이로 인해 아이들은 위험한 놀이를 거의 하지 않고, 심하게 다치는 경우가 없는데도 어른들이 규제를 만들어 적용하고 놀이 자체를 엄격하게 제약하는 문제가 나타나고 있다.

영국에서는 어린이들이 노는 놀이터를 적당히 위험하게 만들어야 한다는 움직임이 일어나고 있다. 우리와 마찬가지로 수십 년 동안 아이들을 어떻게 하면 다치지 않고 놀게 할지 고민하던 나라였지만, 최근 몇 년 사이 사회적으로 어린이들이 지나치게 과보호되고 있다는 문제가 제기된 것이다. 이와 관련 9세 아이들을 대상으로 이루어진 한 조사에서 학교에 혼자 등교하는 아이가 1971년에는 85%였지만 1990년에는 이 비율이 25%까지 떨어진 것이다.

모험 요소를 도입한 놀이터에서는 기존 플라스틱 놀이기구들을 들어내고 대신 각목과 벽돌, 타이어로 만든 그네가 자리를 차지했다. 아이들은 망치와 톱을 이용해 원하는 것을 만들 수 있고, 놀다가 심심하면 불을 피울 수도 있다. 물론 이 모든 놀이는 철저한 관리 감독 아래 이루어진다. 아이들을 '통제된 위험' 안에서 놀게 하는 것이다.

논란

1. 안전 VS 모험 놀이터의 갈 길은?

우리나라의 놀이터는 안전을 가장 중요하게 여긴다. 놀이터에서 노는 아이들에게 부모들이 가장 많이 하는 말도 "조심해", "위험해" 등 안전을 경고하는 내용이다. 하지만 독일의 유명한 놀이터 디자이너인 귄터 벨치히 Günther Belzig는 안전한 놀이 공간이 아이들에게는 지루

2. 바깥에서 놀아야 큰다

하고 오히려 더 위험할 수 있다고 반론한다. 호기심이 생기지 않으니 엉뚱한 놀이를 하다가 다치는 경우가 더 많이 생긴다는 것이다.

아이들은 어디서나 창의적으로 노는 존재인데, 보호라는 명목으로 어른들이 자유를 가로막으면 예상에 빗나간 행동을 시도한다. 놀이기구에 본래 용도와는 다른 기상천외한 방법으로 매달리거나 거꾸로 오르면서, 오히려 아이들의 위험 행동을 부추긴다고 전문가들은 분석했다. 하지만 언제까지 부모가 아이들의 뒤를 따라다니며 위험을 통제하고 안전을 지켜줄 수는 없는 일이다. 그것보다는 놀이를 통해 아이들 스스로 위험에 대한 통제 능력을 가질 수 있도록 이끌어줄 필요가 있다.

"위험을 감지하면 아이 스스로 조심해서 놀기도 하고, 외부의 위험을 견뎌내고 내성을 기르는 법도 깨닫게 됩니다. 너무 지나치게 안전만 강조해서 재미없는 놀이터를 만드는 것보다는 약간의 도전과 모험을 즐길 수 있는, 그래서 아이들이 흥미롭게 놀 수 있는 놀이터를 만들어야 한다는 인식의 전환이 필요합니다."

진승범 건축가는 안전한 놀이터는 아이들이 외면하기 쉽고, 제대로 놀 기회를 제공하기도 어렵다고 덧붙였다. 아이들은 놀면서도 편한 길은 가지 않는다. 누가 시킨 것도 아닌데 굳이 담장 같은 장애물을 넘고 높은 곳에서 뛰어내리는 도전을 서슴지 않는다. 아이들은 놀이기구에서 떨어질 수도 있고 뛰어내릴 수도 있다. 그렇게 해봐야 어떻게 해야 떨어지지 않고, 뛰어내려도 다치지 않는지 배울 수 있다. 유럽의 놀이터 안전기준이

'놀이터는 적절한 위험을 제공해 아이들이 위험에 대처할 기회를 준다'라는 것은 시사하는 바가 크다.

모험 없는 놀이터에서 성장한 아이들은 성인이 되었을 때 위험에 제대

2. 바깥에서 놀아야 큰다

로 대응하지 못하는 경우가 많다. 놀이터에서마저 위험을 만날 수 없다면 아이들은 놀이터 밖 세상에 나와서도 그것이 위험한지 위험하지 않은지 구분하지 못한다. 그래서 안전하기만 한 놀이터가 오히려 아이들을 삶의 위험에 빠뜨린다는 역설이 성립하는 것이다.

논란

2. 놀이터에서 모래가 사라진 이유

세화 놀이터는 중랑천에 감싸인 한적한 동네에 자리 잡고 있다. 2015년 안전관리 검사를 통과하지 못해 폐쇄 위기에 놓인 적도 있다. 하지만 놀이터가 사라지면 아이들의 놀이에 제약이 생길 것이라고 판단한 한 어린이 단체가 건축 전문가들과 손잡고 두 달간 보수공사에 돌입했다.

공사가 시작된 초기에는 주민들의 민원이 빗발쳤다. 주택가 한복판이라서 아이들 노는 소리가 시끄러우니 예정대로 철거하게 해달라는 내용이었다. 놀이터 바닥에 모래를 깔기로 결정되자, 이번에는 아이를 키우는 부모들이 반대하고 나섰다. 세균이 번식해서 위생적이지 않다는 이유였다. 놀이터를 이용하는 지역 주민들의 의견이 가장 중요하다는 판단 아래, 관계자들은 의견 수렴을 위한 공청회를 열었다. 그리고 뜨거운 찬반 논란 끝에 놀이터의 절반은 모래, 나머지 절반은 우레탄 바닥으로 결정하는 절충안을 찾아냈다.

"부모들은 안전하고 깨끗한 놀이터를 원하지요. 공청회를 열었을 때는 우려가 있었지만, 그 과정에서 주민들 상당수가 놀이터에 대한 생각을 공유하고 이해하게 되는 효과도 있었습니다. 참여와 소통 과정이 외부에서 보면 갈등처럼 비쳐질 수도 있지만, 그 과정을 잘 해결하면서 사랑받는 놀이터를 만들 수 있었습니다. 공사를 마치고 나서는 실제로 가장 많이 반대했던 주민들이 놀이터 관리에 가장 열심히 나서더라고요."

세화 놀이터 개선 사업에 참여한 세종대학교 사회복지학과 박현선 교수는 주민들의 참여를 통해 놀이터가 만들어지면 지속적인 관리가 가능하다고 덧붙였다. 그렇게 진통 끝에 다시 태어난 놀이터는 마을에 크고 작은 변화를 불러왔다. 놀이터 100일 잔치를 시작으로 매년 5월과 10월 주민들이 함께하는 축제가 열리고, 마을 단합 대회도 놀이터에서 이루어진다. 주민들이 함께 만든 놀이터가 아이들뿐 아니라 지역사회 모두가 이용하는 공간으로 사랑받게 된 것이다.

하지만 세화 놀이터에는 아직 끝나지 않은 논쟁이 남아 있다. 주민들의 의견을 수렴해 놀이터 바닥을 모래 반, 우레탄 반으로 공사했지만, 모래에 대한 불만을 제기하는 주민들이 여전히 존재한다는 것이다. 세균이 번식하기 쉽고, 길고양이가 와서 대소변을 보기 때문에 비위생적이라는 이유에서다.

사실 우리나라의 놀이터는 얼마 전부터 바닥 논쟁으로 뜨겁다. 세화 놀이터처럼 위생을 이유로 우레탄으로 바꿔달라는 건의가 올라오기도 하지만, 반대로 우레탄 바닥을 설치한 놀이터에서 중금속이 검출되면서 유해성 논란이 일기도 했다. 최근에는 아이들이 창의적으로 놀이를 할 수 있

도록 놀이터 바닥을 모래로 바꿔달라는 민원도 쇄도한다. 과연 정답은 무엇일까?

23. 위험 감수 놀이터가 아이들의 삶을 바꾼다

독일의 프라이부르크는 에너지 자립을 이룬 생태 도시로 유명하지만, 아이들에게는 다양한 놀이터를 만날 수 있는 놀이터 천국으로 더 많이 알려져 있다. 인구 22만여 명의 작은 도시에 놀이터가 총 150여 개나 있다. 거리를 걷다 보면 100m 간격으로 등장하는 놀이터에서 똑같은 형태의 놀이기구나 시설은 보이지 않는다.

그네와 미끄럼틀은 구불구불한 나무 형태를 살려서 만들었고, 색도 칠

하지 않았다. 바닥에는 모래와 자갈이 깔려 있고, 물이 나오는 펌프도 설치돼 있어 물장난을 마음껏 즐길 수 있다. 알록달록한 플라스틱이나 철근은 보이지 않는다. 대신 나무, 돌, 모래처럼 자연에서 나오는 재료를 이용해 만든 놀이터가 대부분이다.

놀이터를 보수하고 관리하는 것은 프라이부르크 시의 책임이지만, 주민들의 함께 참여한다는 것도 특징이다. 큰 통에 비가 올 때 필요한 파라솔이나 장난감을 넣어두고, 열쇠를 주민이 직접 관리하도록 했다. 이런 과정을 통해 주민들은 지역 놀이터에 애착을 갖게 되고, 놀이터의 기능을 더 잘 이해할 수 있는 계기가 되었다.

한국 부모들의 기준에서 보면 프라이부르크의 놀이터는 다소 위험하고 위생과도 거리가 멀어 보인다. 안전을 위해 울타리를 두르지도 않았고, 놀이기구가 다듬지 않은 투박한 원목으로 만들어져 놀다 보면 가시가 박힐 때도 있다. 모래를 만지며 노는 아이들은 온몸이 흙투성이가 되기 일쑤고 가끔 모래를 주워 먹는 대형 사고를 치는 아이들도 있다. 하지만 아이들의 놀이를 지켜보는 부모들은 대부분 크게 신경 쓰지 않는 모습이다. 가시가 박혀 울던 아이는, 다음에 미끄럼틀을 탈 때는 평소보다 더 가시를 조심하게 될 거라는 걸 부모들은 잘 알고 있다.

프라이부르크의 놀이터는 최대한 안전을 고려해서 만들지만 위험 요소를 모두 제거하지 않는 것이 특징이다. 지나친 안전은 과유불급이라는 것. 놀이는 실수도 경험하고 실험도 할 수 있어야 한다고 믿기 때문이다. 놀이터에서 놀다가 떨어진 아이를 그냥 놔두면, 스스로 떨어지지 않고 노는 법을 연구하게 된다. 이렇게 놀이터 안에서 위험을 느끼고 극복했던 경험은 아이들이 살면서 어려운 문제에 부닥칠 때 스스로 해결해 나가는 힘이 된다.

한국의 놀이터에서 논란이 한창인 모래도, 프라이부르크에선 놀이터의 가장 중요한 구성 요소 중 하나다. 모래가 있는 곳엔 빠지지 않고 물이 나오는 펌프가 딸려 있다. 놀이터는 아이들이 자연에서 뒹굴고 온몸이 더러워질 때까지 노는 곳이라고 생각하기 때문이다. 그네나 미끄럼틀이 있는 놀이터보다 모래와 물을 갖고 놀 수 있는 놀이터가 이곳 아이들에게는 더 인기라고 한다. 모래와 물이 이곳 아이들에게는 최고의 놀이기구요, 장난감이기 때문이다. 펌프의 물은 마실 수 있는 수돗물이고 모래는 1~2년에 한 번씩 전문업체를 통해 화학약품을 사용하지 않고 세척한다. 덕분에 아이들은 온몸이 모래와 물로 범벅될 때까지 마음껏 뛰어논다.

"특정한 형태가 없는 모래는 아이들이 자기 손으로 마음대로 가지고 놀 수 있는 굉장히 좋은 놀잇감 중 하나입니다. 형태에 구애받지 않고 마음껏 창의성을 발휘할 수 있죠. 그리고 아이들은 옷이 더러워질 때까지 놀아야 잘 놀았다는 마음이 들면서 놀이에 대한 욕구가 충족됩니다. 추위와 더위, 이런 것까지 놀이하는 데 장애가 되면 아이들의 놀이가 확장되기 어려워요."

연세대학교 아동가족학과 김명순 교수는 어린이들의 놀이에 있어 도전과 모험은 놓쳐서는 안 될 중요한 가치라고 강조했다. 아이들이 한계에 도전할 수 있도록 안전과 위험 감수를 균형 있게 제공해야 놀이를 통해

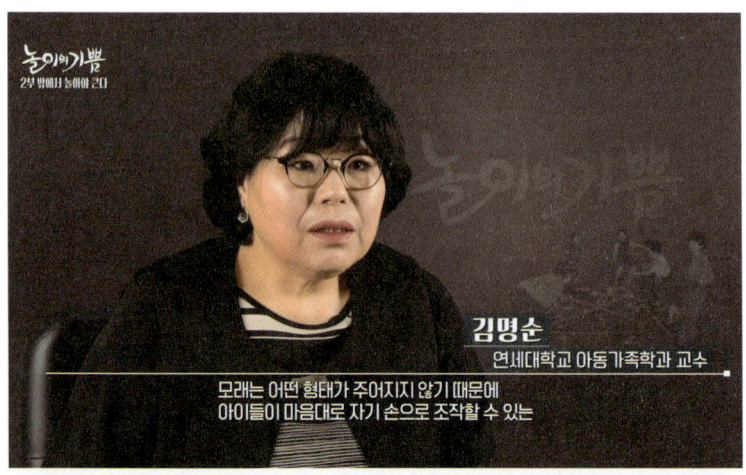

미래에 닥칠 위험을 해결해 나갈 능력을 키울 수 있다는 것이다. 이렇게 적당한 수준의 위험이 살아 있는 놀이터는 놀이를 통해 아이들 스스로 삶을 이끌어가는 방법을 배울 수 있는 실험실이라 할 수 있다.

2. 바깥에서 놀아야 큰다

정보

모래 놀이의 효과

1. 신체 발달

모래는 물에 젖으면 쉽게 뭉치고, 고정된 형태가 없어서 만지는 대로 달라진다. 손힘이 약한 어린아이도 모래를 이용하면 상상하는 모든 것을 만들 수 있다. 모래를 만지고 뭉치고 부수면서 자연스럽게 손과 촉감이 자극을 받는데, 이 과정에서 손의 움직임이 정교해지고 소근육이 발달한다.

2. 인지 발달

도구를 이용해 모래를 담고 쏟고 다른 도구에 옮기는 과정에서 모양과 크기 차이를 비교하는 기회가 생긴다. 마른 모래와 젖은 모래의 특징, 무게 등을 비교하며 과학적인 지식을 습득할 수 있고, 다양한 실험과 탐색을 통해 아이들의 인지 발달을 돕는다.

3. 정서 발달

모래는 사용법이 정해져 있지 않으므로 아이들에게 실패와 좌절에 대한 부담을 주지 않는다. 모래를 쌓고 담고 퍼내는 놀이 과정은 아이의 감정을 자연스럽게 발산시켜 정서적인 안정감을 느끼게 해준다. 공격적인 충동과 분노 같은 부정적인 감정도 모래를 뭉치거나 부수는 동작을 통해 해소할 수 있다.

4. 사회성 발달

여러 친구와 함께 집단놀이가 가능하다는 것도 모래의 장점이다. 이러한 놀이 경험을 통해 아이들은 서로 협동하거나, 여러 가지 정보와 규칙 등을 공유하고 조율하는 상호작용의 기회를 경험한다. 또래 친구들의 놀이 방법을 모방해 새로운 방법을 학습하고 놀이하는 동안 자아 개념이 발달해 긍정적인 자아를 형성하는 데도 도움이 된다. 모래 놀이를 통해 사회 구성원으로서 함께 어울리는 능력을 키워 나가는 것이다.

24. 어른들은 모르는 놀이터의 비밀

인적 드문 강원도 홍천군의 산자락에 3년 전 작은 놀이터가 하나 만들어지기 시작했다. 놀이터라고 하기엔 다소 소박해 보이는 이곳은 여러모로 도시의 놀이터와는 다르다. 눈에 띄는 놀이기구는 나무로 만든 그네와 구름다리 정도다. 대신 숲속 여기저기 밧줄이 설치돼 있고 물탱크를 잘라서 만든 독특한 공간이 시선을 모은다. 입구에서부터 이어지는 수로와 콘크리트파이프로 만든 동굴을 발견했을 때는 여기가 놀이터가 맞는지 의심스러울 정도다.

이 놀이터를 만든 주인공은 아빠들. 아이를 키우고 있는 네 명의 아빠가 의기투합해 무려 2년여간 삽질한 끝에 만들어낸, 이른바 아빠표 놀이터다. 8세와 10세 두 살 터울 자매를 키우는 김태성 씨는 놀이터를 만들자는 이야기가 나왔을 때 고민 없이 찬성표를 던졌다.

"아빠들이면 다 하는 고민 있잖아요. 이번 주말에는 어디 가지? 애들이랑 뭘 하고 놀지? 열심히 고민하다 놀이동산 같은 곳에 가면 그렇게 즐겁지 않더라고요. 이럴 바에야 우리가 직접 놀이터를 만들어보자 생각하게 된 거죠."

주말마다 아이들이 놀 곳을 찾아다니는 상황이 김태성 씨에게는 커다란 스트레스였다. 어딜 가든 공간이 설계된 대로 쫓아다니기만 할 뿐, 만족스럽게 놀았다는 느낌을 받아본 적이 없었다. 아이들이 키즈 카페에서 노는

동안 멍하니 스마트폰만 들여다볼 때도 많았다. 그럴 때마다 시간이 아깝고, 아이들과 함께 놀고 싶어도 뭘 하고 놀아야 할지 몰라 답답하기만 했다.

처음 놀이터를 만들자는 이야기가 나왔을 때, 네 명의 아빠 모두 찬성했던 건 상황은 달라도 고민은 똑같았기 때문이었다. 키즈 카페에서 아이들이 노는 걸 구경하는 것보다는 아이들이 뛰어놀 놀이터를 만드는 일이 더 의미가 있을 것이라는 게 당시 아빠들의 믿음이었다.

다행히 지인을 통해 홍천의 야트막한 야산을 빌릴 수 있어 크게 비용 걱정하지 않고 놀이터를 만들 수 있었다. 문제는 서울에서 홍천까지 오가는 거리였지만, 김태성 씨가 거주하는 송파구에서 놀이터까지 자동차로 한 시간 반 거리. 주말에는 충분히 오갈 수 있다고 판단했다.

놀이터를 만드는 건 각오했던 것보다 더 힘든 일이었다. 주말마다 달콤한 낮잠을 포기하고 홍천의 야산으로 삽질을 하러 갔다. 생전 처음 삽

2. 바깥에서 놀아야 큰다

을 들고 땅을 고르고, 익숙하지 않은 못과 망치를 다루느라 손에 물집이 잡혔다. 그래도 아이들이 놀이터에서 즐겁게 뛰어놀 거라는 생각을 하면, 작은 것 하나도 허투루 넘길 수 없었다. 그렇게 아이들에 대한 애정과 아빠들의 교육 철학을 쏟아부어 소박하지만 정감 있는 자연 놀이터가 만들어졌다. 자연과 흙과 물이 살아 있고 아이들이 만들어진 기구에 끌려다니지 않는 놀이터. 아빠가 꿈꾸는 놀이터는 그런 공간이었다.

아이들이 처음 놀이터를 찾은 날, 기대했던 것처럼 아이들은 자연을 담아 만든 놀이터에 환호했고 마음껏 뛰고 구르며 신나게 놀았다. 하지만 아빠들은 살짝 배신감을 느껴야 했다.

"사실 놀이터를 만들어주면 아이들이 아빠를 생각하는 마음이 더 커지겠지, 그런 기대가 있었어요. 그런데 만들고 나서 보니까, 아이들은 똑

같더라고요. 달라진 건 아이들을 바라보는 아빠의 시선과 마음이었어요. 아이들은 열심히 잘 놀고 있었는데, 아빠의 시선과 기준으로 아이들의 놀이를 인위적으로 바꾸려 했던 건 아닐까 반성도 하게 됐어요."

아빠들은 놀이기구 하나하나 목적을 담아 만들었지만, 아이들은 아빠들의 생각에 개의치 않고 마음 내키는 대로 놀았다. 어떻게 놀면 더 재밌을지 아이들의 동선을 고민하며 그네며 나무 징검다리를 만들었는데, 정작 아이들이 이 놀이터에서 가장 좋아하는 건 삽이었다. 어린이용 삽으로 땅을 파면서 즐거워하는 아이들을 보고 아빠들은 자신이 놀이에 대해 크게 오해하고 있었다는 걸 깨달았다.

집에서도 놀이터에서 노는 걸 좋아하는 다은이와 주은이 자매이지만, 아빠들이 함께 만든 놀이터에서는 노는 모습이 전혀 달랐다. 아파트 단지

2. 바깥에서 놀아야 큰다

안 놀이터에서는 그네를 타거나 놀이기구에 매달려 놀았다면, 홍천에 와서는 삽을 들고 흙투성이가 될 때까지 뛰어놀았다. 놀이터에 도착하면 일단 삽부터 찾아 들고 구멍을 파기 시작하는데, 처음엔 함정을 만들기 시작하다가 어느새 화장실로 바뀐다. 아이들의 마음에 따라 구멍의 용도는 계속 달라진다. 땅을 왜 그렇게 열심히 파는지 물어보면 대답은 딱 하나다. "재미있어서요."

함께 놀이터를 만든 송성근 씨의 아들 지호는 옷에 흙이 살짝만 묻어도 질색하고 탈탈 털어내느라 바쁜 아이였다. 하지만 아빠들이 함께 만든 놀이터에서 누나들을 따라다니다 삽질하는 재미를 알게 됐다. 아빠들이 예쁘고 튼튼한 수로를 만들어줬지만, 아이들은 놀이터에 올 때마다 마음 내키는 대로 자신들만의 물길을 만들며 논다. 옆에서 어른들이 시키지 않아도 수로를 만들면서 서로의 역할을 배분하고 하나의 목표를 위해 협력하는 법을 아이들 스스로 터득해 나간다.

"잠깐 여기에 섬이 하나 생겼는데?"
"어, 섬이 게임기 모양으로 변했어."
"그럼 여기는 이제 게임기 섬이야, 알겠지?"

시시각각 달라지는 물길을 보면서 자연스럽게 상상의 나래를 펼치기도 한다. 삽질할 때마다 달라지는 흙과 물은 아이들을 무궁무진한 가능성의 세계로 안내한다.

매일 갈 수 있는 도시의 놀이터와 일주일에 한 번 와서 노는 자연 놀이터. 두 곳 중 아이들이 더 좋아하는 놀이터는 어디일까? 8살 주은이의 대답을 들어보자.

"여기가 새로운 게 더 많아요. 집 앞 놀이터는 돌이랑 나뭇가지 같은 걸 다른 데 가서 주워야 하잖아요. 그런데 여기는 그냥 땅바닥에서 주워서 놀 수 있어요. 그래서 여기서 노는 게 더 재밌는 것 같아요."

아이들에게 중요한 건 놀이터가 아니었다. 돌이나 흙, 나뭇가지 하나만 있어도 아이들의 놀이는 훨씬 더 즐거워지고 상상력도 풍부해진다. 사실 아이들이 원하는 건 거창한 게 아니다. 흙을 만질 수 있고, 나뭇잎을 주울 수 있는 곳이라면 어디나 아이들에게 최고의 놀이터라는 걸 어른들이 미처 모르고 있었던 것이다.

2. 바깥에서 놀아야 큰다

정보

우리 동네 놀이터가 달라졌어요

획일적인 한국의 놀이터에 조용하지만 강렬한 변화의 바람이 불기 시작했다. 아이들이 마음껏 뛰어놀 수 있는 놀이 공간에 대해 사회 구성원 모두 함께 고민해야 한다는 공감대가 형성된 것이다.

1. 서울 시, 창의 어린이놀이터

2015년 서울 시에서 시작된 놀이터 개조 사업. 낡고 개성 없는 기존 놀이터를 시설물 위주가 아닌 아이들의 놀이 활동 중심으로 바꾸고 모험심과 창의력을 심어주는 공간으로 재구성했다. 모래와 흙, 목재 등 자연 재료로 이루어진 공간과 모험심을 유발하는 공간 등을 유기적으로 설치해 아이 스스로 놀이를 만들어내는 기회를 제공하기 위한 놀이터다. 지금까지 100여 개가 넘는 놀이터가 조성됐는데, 놀이터에 방문한 아동을 관찰하고 부모들을 대상으로 설문 조사한 결과, 창의 놀이터에 방문한 어린이는 일반 놀이터에서의 놀이 시간보다 약 1.36배 정도 오래 머무른 것으로 확인됐다.

2. 순천, 기적의 놀이터

우리나라에서 놀이기구가 설치되지 않은 최초의 놀이터다. 아이들이 설계와 감리에 직접 참여해 공공 놀이터의 혁신을 이끌었다고 평가받는 이 놀이터는 모래와 물, 언덕으로 이루어졌다. 도심 한가운데 푸르게 펼쳐진 풀밭 위에 뛰고 구르기 좋게 돌멩이와 풀이 깔려 있고, 놀이터 한복판을 개울이 가로지르고 있다. 개울 위 구름다리와 굴다리 주변은 아이들이 매달리고 기어 다니면서 격한 신체놀이를 즐길 수 있도록 설계되어 있다. 이곳이 인기를 끌면서 놀이터를 찾는 아이들이 늘어나고 있다. 같이 놀 친구를 만날 수 있다는 기대감에 점점 더 많은 아이가 기적의 놀이터를 찾고 있다.

25.　　　포항 골목대장이 돌아왔다! 골목 놀이의 날

아이들에게 사라진 골목과 바깥 놀이를 되찾아주기 위해 고군분투 중인 포항의 아빠들은 땀 흘린 보람을 느낄 수 있었을까? 3주간의 준비가 끝나고, 드디어 골목 놀이의 날 아침이 찾아왔다.

누구보다 설레는 마음으로 일찌감치 골목에 나타난 아빠들은 일단 벽보를 붙이기 시작했다. 골목 놀이 시간을 다시 안내하고, 불편을 감수하고 골목을 빌려준 마을 주민들에게 감사의 마음을 표현하기 위해서였다. 아이들이 놀다가 주차된 차량을 파손하지 않도록 꼼꼼하게 안전선을 표시하는 작업도 빼먹지 않았다. 주민들이 느낄 불편함을 최소로 줄이고, 모두 함께 골목 놀이의 날에 동참한다는 소속감을 부여해야 한다는 영국의 조언을 잊지 않은 것이다.

차량 통제가 시작되자 골목은 순식간에 축제 분위기에 휩싸였다. 옛날 학교 운동회가 열리던 날처럼, 돗자리가 깔리고 아이들을 위한 음식이 준비됐다. 배가 고파서 제대로 놀지 못하는 불상사를 막기 위해서란다. 엄마 아빠의 손을 잡고 골목을 찾아온 아이들은 어리둥절한 표정이었다. 평소에는 절대 금지였던 차도에서 오늘은 마음껏 뛰어도 된다는 사실을 믿기 힘든 눈치였다.

안전을 위해 골목을 막고 차량을 통제하기 시작하자 아이들은 본격적으로 골목 접수에 나섰다. 다섯 살부터 열두 살까지 연령대를 불문하고 하나가 돼서 시작한 놀이는 '무궁화 꽃이 피었습니다'. 걸음이 느린 동생들은 언니 오빠의 손을 잡고 함께 달리고, 규칙을 잘 모르는 아기가 술래

2. 바깥에서 놀아야 큰다

가 하고 싶다고 울면 기꺼이 자리를 내준다. 서로 다른 연령대의 아이들이 함께 놀면서 자신도 모르게 놀이 안에서 약자를 배려하는 마음을 배우게 된 것이다.

놀이 매트 위에서만 놀던 믿음이는 모처럼 땅을 딛고 달리면서 넓어진 놀이 세계를 만끽했다. 오늘은 유튜브도 필요 없다. 화면 속이 아니라 믿음이 바로 앞에서 딱지 접는 법을 가르쳐주는 형이 있기 때문이다. 같이 놀 친구를 찾지 못해 놀이터를 전전하던 소은이와 예은이 자매도 오늘은 심심할 틈이 없다.

아이들보다 더 신난 건 아빠들이다. 아이들이 놀아달라고 매달리지 않으니 덕분에 아빠들도 어린 시절 추억의 놀이에 푹 빠질 수 있었다. 특히 땅따먹기는 골목 개구쟁이들에게 최고 인기였다. 작은 돌 하나로도 이렇게 치열하고 재미있게 승부를 겨룰 수 있다는 것이 아이들은 마냥 신기한

눈치였다.

물론 놀다가 시비가 붙기도 했다. 하지만 어른들이 개입하지 않아도 아이들은 신속하게 규칙을 조율하고 타협점을 찾아냈다. 집에서 게임을 할 때 보기 힘든, 골목 놀이를 통해 발견한 아이들의 새로운 모습이었다. 이렇게 여럿이 규칙을 정해서 함께 놀다 보면 사회성과 함께 충동을 조절하는 능력을 키워 나가게 된다.

골목 놀이를 하는 세 시간 동안 스마트폰을 들여다보는 아이는 아무도 없었다. 놀이가 끝나갈 무렵, 가장 섭섭해하는 것도 아이들이었다.

"학교 친구들이 아니라 형이나 누나, 동생들이랑 같이 놀 수 있어서 재밌었어요. 집에 있으면 TV를 보거나 게임만 했을 텐데, 바깥에서 노니까 기분도 상쾌하고 재밌어요. 끝나서 너무 아쉬워요."

골목 놀이의 날이 진짜 놀이가 되기 위해 꼭 필요한 조건은 바로 지속 가능성이다. 어쩌다 한 번 열리는 행사로 끝나버리면 체험일 뿐, 놀이가 될 수 없기 때문이다. 아빠들이 골목 놀이의 날을 준비하면서 가장 망설인 부분도 그 지점이었다. 과연 아이들이 골목에서 즐겁게 놀까? 아이들과 다시 골목에서 뛰어놀 수 있을까? 놀이의 주체인 아이들이 즐거워야 다음을 기약할 수 있는데, 게임기와 장난감에 익숙한 아이들이 골목을 어떻게 받아들일지 걱정이 많았던 것도 사실이다.

"준비하면서도 반신반의했어요. 햇빛이 쨍쨍 내리쬐는데 애들이 와서 놀까? 그런데 생각했던 것보다 너무 많이 와서 정말 깜짝 놀랐어요. 아이들 반응도 좋았어요. 그래서 골목 놀이의 날을 계속 진행할 방법을 찾아보기로 했어요."

"오늘 아이들이 노는 걸 보면서 느낀 게 하나 있어요. 애들이 뭘 하고 놀지 몰라서 장난감을 많이 준비했는데 다 필요 없더라고요. '무궁화 꽃이 피었습니다'를 하는데, 애들이 너무 즐거워하며 잘 노는 거예요. 이런 골목만 하나 있으면 장난감이 없어도 아이들이 신나게 놀 수 있을 것 같아요. 골목이 사라진 게 아쉽지만, 오늘처럼 대신 뛰어놀 수 있는 공간들을 아빠들이 만들어줘야겠죠. 그게 아빠들의 숙제라고 생각합니다."

아이들에게 좋은 놀이 공간이란 무엇일까? 다양한 해석이 가능하고, 창의적으로 놀 수 있으며, 무엇보다 집에서 가깝고 안전한 곳이어야 한다. 그런 의미에서 골목 놀이의 날은 아이들의 놀이를 더 넓은 세계로 확장해주는 훌륭한 수단이 되어줄 것이라고 아빠들은 기대하고 있다.

26. 밖에서 놀면 아이의 세상이 넓어진다

바깥 놀이는 '열려 있는 공간'에서 이뤄진다. 아이들이 자유롭고 활발하게 활동할 수 있는 곳이자, 풍부한 상상력을 발휘할 수 있

2. 바깥에서 놀아야 큰다

는 그런 공간이다. 바깥에서 아이들은 숨이 차오르게 뛰면서 자기의 한계를 시험하는 활발한 신체 활동을 한다. 땅을 파고 수로를 만들면서 놀 때는 얼마나 깊이 오래 팔 것인지, 물길의 방향은 어디로 향하게 할 것인지 아이들 스스로 의사 결정을 진행한다. 스스로 결정 내리는 경험은 아이들이 성인이 되어서도 흔들림 없는 목표를 가질 수 있게 한다.

"밖에 나가 논다는 건 어린아이들이 조금 더 자유로울 수 있고, 행동에 지나친 제한이 없는 상태를 말합니다. 저는 밖에 나와서 놀 때 아이들이 맛본 자유는 지붕이 있는 환경에서는 느끼기 어렵다고 생각해요."

아동의 놀 권리를 찾아주기 위해 수십 년 동안 활동해온 영국의 팀 길 놀이 컨설턴트는 아이들이 일상에서 좀 더 많은 자유를 즐길 수 있어야

한다고 주장했다. 놀이터를 개선하는 것도 중요하지만, 아이들이 살아가는 주변 환경이 바깥에서 놀기에 적합하게 달라져야 한다는 지적이다. 아이들이 놀 권리에서 놀이란 스스로 자유를 맛보고 탐험하고 모험할 수 있는 자유를 의미하기 때문이다.

　바깥 놀이를 갈망하는 것은 아이들의 본능이다. 바깥이라는 커다란 놀이터에선 숫자가 많을수록 더 많은 것이 가능해진다. 아이들은 함께해야 가능한 것들을 위해 기꺼이 서로 의견을 나누고 이를 통해 실패를 경험하고 극복하는 법을 배운다. 이렇게 놀이는 아이들이 인생의 기초를 형성하고 세상을 탐색할 수 있는 중요한 수단이다. 스스로 만들어가는 놀이 안에서 기쁨과 즐거움을 발견할 때 자신의 삶을 주도적으로 끌고 갈 수 있는 능력도 자라난다. 그래서 아이들은 바깥에서 놀아야 한다.

2. 바깥에서 놀아야 큰다

인터뷰

바깥 놀이는 아이들 인생에서 가장 중요한 성향을 기릅니다

연세대학교 아동가족학과 김명순 교수

1970년대 인기를 끌었던 광고 중에 아직도 기억에 남는 카피가 있습니다. "개구쟁이라도 좋다. 튼튼하게만 자라다오." 요즘 우리 아이들을 보면 이 광고의 카피가 아이들을 키우는 주요 목표가 되어야 하지 않을까 하는 생각이 듭니다. 우리 아이들에게는 보다 많은 신체적인 활동 경험이 필요한 것으로 보이기 때문입니다.

실내 놀이터는 보통 성인이 아이들을 위해 이런 것들이 있으면 좋겠다고 생각해서 만들어놓은 환경입니다. 이렇게 인위적으로 만들어진 환경에서 아이들은 어른들이 의도한 대로 놀이를 할 수밖에 없습니다. 그런데 아이들을 데리고 바깥으로 나갔을 때 보이는 나무나 조그만 울타리는 인간이 어떤 놀이 상황을 생각하고 만든 것이 아니라 자연스럽게 형성된 환경입니다. 아이들은 나무나 울타리를 보면 무조건 올라가고 싶어 하고 땅을 보면 파고 싶다는 생각을 합니다. 이렇게 밖으로 나간 순간, 바깥 공간이 아이들에게 다양한 행동을 유발하는 것을 우리는 행동 유발성이라고 합니다.

바깥 환경은 실내 놀이 환경과는 다르게 아이들에게 다양한 행동을 유발합니다. 이 같은 다양성은 놀이의 주도성이나 자발성, 몰입에 있어 매우 중요한 요소입니다. 어른들이 만들어놓은 실내 놀이터에서는 다양한 행동을 유발하기 힘듭니다. 따라서 아이들의 일상 놀이에서 바깥 놀이와 실내 놀이의 균형을 맞추는 게 무엇보다 중요합니다.

바깥 놀이에서 또 하나 중요한 건 다른 사람의 통제나 제한 없이 아이가 빠른 속도로 지속적인 움직임을 즐겁게 경험할 수 있다는 것입니다. 아이들에게는 정신적인 도전뿐 아니라 신체적인 도전도 중요합니다. 그런데 요즘 아이들은 주로 실내에서 놀며 "움직이지 마라", "뛰지 마라", "놀이 매트에 앉아서 놀아라" 같은 요구를 많이 받습니다. 이렇게 신체적인 도전이 제한되는 상황에서 아이들은 정신과 신체의 균형을 이루기 힘들고 추후 위험한 상황에 처했을 때 자신의 몸을 방어하는 능력을 기르기 어렵습니다. 도전이나 어느 정도 위험을 감수해야 하는 놀이가 미래 사회의 인재를 위해 중요하다는 이야기들을 합니다. 자유로운 바깥 놀이가 실내에서 노는 것보다 중요해진 것입니다.

그러나 도시에서 사는 경우, 아이들이 자발적으로 바깥에 나가 놀기 어려운 게 현실입니다. 부모들이 아이들을 데리고 바깥으로 많이 나가서 바깥 환경에서 할 수 있는 다양한 놀이를 경험하게 해줘야 합니다. .

물가에서 자갈을 발견하면 많은 사람이 아무 생각 없이 자갈을 들어 물수제비를 뜹니다. 아이들의 바깥 놀이도 이와 비슷합니다. 아이들은 바깥에 나가면 아무 생각 없이 환경이 이끄는 대로 눈에 보이는 것을 향해 뛰고, 오르고, 매달리고, 도전하거나, 땅을 파는 등 그때그때 생각나는 다양

한 놀이를 합니다. 바깥에는 다양한 행동을 유발하는 요소들이 많아서 아무리 오랜 시간을 보내도 지루하지 않습니다. 모래나 물, 땅만 있어도 종일 놀 수 있지요. 이런 것들은 그 자체만으로도 아이들의 행동을 유발합니다.

실내에서는 아무리 많은 놀잇감이 있더라도 다양한 행동을 유발하는 데 한계가 있을 수밖에 없습니다. 실내 놀잇감이나 환경은 융통성과 개방성이 바깥 놀이에 비해 제한적입니다. 주걱을 예로 들어보겠습니다. 주걱은 실내에서 한정적인 물건을 퍼서 나르는데 사용되지만, 바깥에서는 땅 파기, 모래 파기, 모래 나르기, 모래 담기와 누르기, 내려오는 물 막기 등 다양하게 사용됩니다. 바깥에서는 공간 자체가 더 많은 놀이와 도전을 가능하게 하는 것이지요.

바깥 놀이 장소를 고를 때도 부모들은 놀이동산처럼 성인이 보기에 신기하고 새로운 곳, 아이들이 경험해봤으면 하고 바라는 체험을 주로 선택합니다. 하지만 아이들의 놀이 수준을 질적으로 높이려면 이미 여러 번 가봐서 익숙하고 친근한 장소에서 반복적으로 놀이가 이뤄져야 합니다. 놀이는 자기가 익숙한 공간, 친숙하고 반복적으로 가본 공간에서 길고 깊게 벌어진다는 특징이 있기 때문입니다.

새로운 장소에 데려가면 아이들은 굉장히 흥분하고 즐거워 보입니다. 아이의 에너지가 최고 수준으로 올라가 흥분 상태에서 환호성을 지르기도 합니다. 이는 탐색과 탐구, 새로운 것에 대한 흥분이 나타나는 것이지 놀이가 지속되는 것으로 보긴 힘듭니다. 이처럼 고양된 에너지는 지속되기 어려워 곧 빠르게 떨어질 뿐, 놀이처럼 즐겁고 적절한 수준으로 계속되지 않습니다. 아이가 흥미를 느끼는 장소에서 반복해서 놀 때, 그곳에서 조금씩 새롭게 변형된 행동을 하며 다양한 방식으로 놀 때, 놀이 수준이 질적으로 높아지고 놀이 시간이 길어집니다. 놀이 장소를 바꿔야 한다면 한 장소에서 6개월에서 1년 정도 놀고 그 이후에 공간을 바꿔주는 게 좋습니다. 물론 아이가 그곳을 계속 좋아한다면 계속 같은 곳으로 가되, 땅 파는 놀잇감이나 삽, 흙을 내리는 체, 물을 담는 양동이 등 기본적인 놀잇감을 바꿔주면 다양한 놀이가 가능해질 겁니다.

그렇다면 질적으로 수준 높은 바깥 놀이터는 어떤 곳일까요? 구조성 낮은 놀잇감인 모래와 물이 있는 곳, 약간 상처가 나거나 옷이 더러워질 정도의 위험이 존재하는 자연물이 있는 곳입니다. 안전하고 깨끗한 곳에서 쉬운 놀이만 하는 아이들에게 자신의 신체 능력에 도전해보는 위험 감수 놀이는 매우 중요합니다. 이런 놀이를 많이 한 아이들은 모험심과 도전, 창의력, 회복 탄력성이 더 높게 길러진다는 연구 결과도 많습니다.

부모가 아이에게 "위험해"라고 말하는 대신 도전을 망설이는 아이의 손을 잡아준다면 아이는 점진적으로 또 다른 도전을 시도합니다. 이렇게 놀이 안에서 위험 요소를 경험해본 아이들은 그렇지 않은 아이들과 비교했을 때 위험을 관리하는 능력이 더 잘 발달됩니다. 아이들의 놀이란 영아기부터 청소년까지 주관적인 경험의 질적 수준과 강도를 높이는 힘을 가지고 있습니다. 아이가 자발적으로 놀이를 선택할 기회를 더 많이 준다면 아이의 신체적 건강은 물론 창의성, 회복 탄력성이 길러지는 데 큰 도움이 될 것입니다.

놀이는 남는 시간에 잠시 하는, 중요하지 않은 행동이 아닙니다. 아이의 창의성, 인지 발달, 언어 발달을 향상시키기 위해 교육 활동 및 프로그램을 짜놓고 그것을 수동적으로 따라하게 만드는 것은 좋은 방법이 아닙니다. 부모가 아이의 성취와 결과에 주목하고 경쟁을 유발하면서 쉬는 시간을 '놀이'에 할애한다면 아이는 주도성, 자발성, 몰입, 즐거움 같은 바람직한 성향을 기르지 못하게 됩니다. 아이들의 놀이에서 가장 필요한 건 부모의 관리적 시선을 아이의 흥미와 즐거움에 주목하는 시선으로 바꾸고 아이들이 살게 될 미래를 그려보면서 놀이의 힘을 믿고 지원하는 것입니다.

우리 사회가 원하는 바람직한 인간상은 문서상 '놀이를 잘하는, 놀이성이 높은' 아이들의 특성과 닮아 있습니다. 교육에서 기르고자 하는 바람직한 인간상은 '심신이 건강하고, 자율적이며, 자신과 타인을 존중하여 더불어 살아가고, 감성이 풍부하고 창의적인 사람'이라고 할 수 있습니다. 바람직한 인간상과 놀이성이 높은 아이들의 특징이 이렇게 유사한데도 부모들은 "그만 놀아라", "공부해라" 같은 관리형 역할을 하며 중요한 놀이성을 보장해주지 않는 경우가 많습니다.

놀이는 된장이 익어서 발효하는 과정과 비슷합니다. 시간이 흘러야 하고 적절한 장소에 놓여 있어야 된장이 잘 익어가는 것처럼, 아이도 부모가 어디든 데려가서 목적성 있게 시킨다고 해서 놀이가 지속되는 게 아니라 아이의 흥미를 발산할 수 있는 적절하고 우수한 놀이 환경이 주어질 때 놀이가 지속되고 아이의 좋은 성향이 길러집니다. 아이가 바깥에서 노는 시간을 늘리고, 좋은 장소에서 반복적으로 놀도록 기회를 제공하며, 가까이에서 바라봐주고, 함께해주는 것은 부모의 놀이 역할입니다.

놀이를 한다고 해서 모든 아이의 놀이성이 높아지는 것은 아닙니다. 놀이성을 높이기 위해서는 진짜 놀이를 충분히 경험해야 합니다. 놀이의 주도권과 선택권, 즉 놀이를 시작하고 중도에 그만두기, 또 다시 시작하기, 이 놀이를 하다 저 놀이를 하기 등에 대한 결정은 반드시 아이가 내려야 합니다. 부모가 이런저런 놀이를 권하고, 위험하니 그만두라고 통제한다면 아이의 진짜 놀이는 방해를 받습니다. 부모는 놀이를 하는 아이에게 더 필요한 것이 있는지, 놀이 친구가 필요할 때 함께 놀아주는지 등을 신경쓰면 족합니다. 즐겁게 노는 아이를 가까이에서 긍정적인 시선으로 바라보는 것만으로도 아이는 충분히 보호받고 있다고 느낍니다. 충분한 놀이 시간과 적합한 바깥 놀이 공간, 적절한 부모의 지원이 제공된다면 아이의 놀이 수준이 점차 높아져 새로운 것에 도전하고 몰입하며 창의성을 가진 아이로 맛깔나게 자라지 않을까 생각합니다.

놀이 상담실

Q. 하루에 30분 이상 아이와 놀아주려고 노력하는데, 승부 근성이 강하기 때문인지 놀이를 하면서 자꾸 규칙을 바꾸는 아이 때문에 고민입니다. 이런 태도 때문에 친구들과 어울리지 못할까 봐 걱정도 됩니다.

A. 놀이 방법이나 규칙, 또는 함께하는 대상에 따라 아이들의 흥미는 달라집니다. 중요한 건 놀이의 주도권이 아이에게 있다는 것, 규칙을 정하는 것도 놀이 도중에 규칙을 바꾸는 것도 아이의 선택에 따라야 한다는 것입니다. 정해진 규칙이 있고, 그 규칙을 어겨선 안 된다면 그것은 놀이라기보다는 경기에 더 가깝지요. 부모와 함께 놀이를 하면서 놀이의 규칙을 수시로 바꾼다는 건 아이가 놀이를 자발적으로 끌어가고 있다는 의미입니다.

또래끼리 놀 때도 참여자들이 서로 동의한다면 놀이의 규칙이 바뀌는 건 큰 문제가 되지 않습니다. 다만 놀이의 규칙을 바꾸기 위해서는 참여자들 모두의 합의가 있어야 합니다. 동의되지 않은 상태에서 게임의 규칙을 멋대로 바꾼다면 놀이가 지속되지 않을 수 있다는 것을 아이에게 설명해줄 필요는 있습니다. 놀이를 하면서 토론하고 합의를 이끌어 나가는 경험은 아이들이 놀이를 통해 배울 수 있는 중요한 사회적 기술입니다.

Q. 혼자 잘 놀다가도 엄마가 눈앞에 보이지 않으면 놀다 말고 울면서 엄마를 찾는 우리 아이. 혼자 할 줄 아는 것도 해달라고 조르기 일쑤입니다. 다른 아이들은 혼자서도 잘 논다는데, 어떻게 해야 혼자 잘 노는 아이가 될까요?

A. 부모의 애정과 관심이 자신에게 집중되길 원하는 아이는 스스로 할 수 있는 일도 도와달라고 요청하는 경우가 많습니다. 특히 부모가 아이의 놀이에 자주 개입하거나, 놀이를 주도하는 경향이 있다면 아이는 부모에게 더 의지할 수밖에 없습니다.
작은 것이라도 스스로 이루어내는 성취감을 느낄 때, 그 성공의 경험이 아이에게 행복을 불어넣고 무엇이든 혼자 할 수 있다고 느끼게 해줍니다. 아이의 놀이에 어른이 개입하는 것은 아이가 놀면서 느껴야 할 기쁨을 박탈하는 것이나 마찬가지입니다. 실수하더라도 아이가 도전하면서 성취감을 느낄 수 있도록 뒤에서 지원해줘야 합니다. 또한 아이가 독립심을 갖고 놀기 위해선 자신이 위험에 처했을 때 부모가 도와줄 것이라는 신뢰가 우선 형성되어 있어야 합니다. 엄마가 함께 있다는 안정감을 들면 아이는 집 안을 탐색하며 복잡한 놀이에도 혼자 도전할 수 있게 됩니다.

Q. 요즘 아이들이 다 그렇다고는 하지만, 우리 아이는 유독 스마트폰으로 유튜브 동영상 보는 것을 좋아합니다. 시청을 제한하려고 해도 아이가 계속 짜증을 부리면 지쳐서 어쩔 수 없이 다시 보여주게 됩니다. 어떻게 해야 스마트폰을 좀 덜 보고 친구들과 뛰어놀 수 있을까요?

A. 우리 일상에서 스마트폰은 이제 없어서는 안 될 필수품이 됐습니다. 이전에는 볼 수 없었던 새로운 환경이지요. 스마트폰은 양날의 검처럼 긍정적인 측면과 부정적인 측면을 모두 갖고 있습니다. 아이들의 논리 및 문제 해결 능력을 디지털 미디어가 촉진한다는 장점도 있지만, 스마트폰에 너무 일찍 노출될 경우 두뇌 발달 속도가 저하될 수 있다는 문제가 있습니다. 인간의 두뇌가 성숙하기 위해서는 오감으로 보고 느끼고 경험해야 하는데, 스마트폰을 과다하게 사용하면 이러한 기회가 제한되기 때문입니다. 또한 만 3세부터는 다양한 운동과 신체 자극 놀이가 필요한데, 영상을 통한 시각적 자극에만 노출된다면 신체적인 성장이 제대로 이루어지기 어렵습니다.

특히 부모와의 애착이 부족하거나, 스트레스가 많은 상황에 놓인 아이들이 스마트폰에 의존하는 경우가 많습니다. 일단 스마트폰을 사용하기 전에 아이와 함께 약속 시간을 정하고, 조금씩 사용하는 시간을 줄여 나가는 연습을 해야 합니다.

스마트폰을 사용하기 전에는 반드시 아이와 함께 약속을 정해야 합니다. 스마트폰을 지나치게 많이 사용하는 아이라면 아이와 상의해 조금씩 그 양을 줄이는 게 좋습니다. 이때 모든 결정은 아이와 함께 해야 합니다. 강압적인 방법은 갈등과 정서적 어려움을 유발하기 때문에 장기적으로 볼 때 문제를 악화시킬 수 있습니다. 더불어 아이들이 일상에서 유튜브나 게임보다 더 재미있는 것을 발견하고 경험하는 것이 무엇보다 중요합니다. 자연 속에서 뛰어놀 수 있는 놀이 환경을 만들어주고, 땀 흘리며 놀 때의 기쁨을 생생하게 느낄 수 있게 해주면 디지털 미디어로부터 아이들을 지킬 수 있을 겁니다.

교육부 고시 제2019-189호

유아교육법 제13조 제2항에 의거하여 유치원 교육 과정을 다음과 같이 고시합니다.

2019년 7월 24일
교육부 장관

부칙
1. 이 교육 과정은 2020년 3월 1일부터 시행합니다.
2. 교육부 고시 제2015-61호 유치원 교육 과정(2015. 2. 24.)은 2020년 2월 29일로 폐지합니다.

누리과정의 성격

누리과정은 3~5세 유아를 위한 국가 수준의 공통 교육 과정이다.

가. 국가 수준의 공통성과 지역, 기관 및 개인 수준의 다양성을 동시에 추구한다.
나. 유아의 전인적 발달과 행복을 추구한다.
다. 유아 중심과 놀이 중심을 추구한다.
라. 유아의 자율성과 창의성 신장을 추구한다.
마. 유아, 교사, 원장(감), 학부모 및 지역사회가 함께 실현해가는 것을 추구한다.

제1장 총론

I. 누리과정의 구성 방향

1. 추구하는 인간상

누리과정이 추구하는 인간상은 다음과 같다.

가. 건강한 사람

나. 자주적인 사람
다. 창의적인 사람
라. 감성이 풍부한 사람
마. 더불어 사는 사람

2. 목적과 목표

누리과정의 목적은 유아가 놀이를 통해 심신의 건강과 조화로운 발달을 이루고 바른 인성과 민주 시민의 기초를 형성하는 데에 있다.
이를 실현하기 위한 목표는 다음과 같다.

가. 자신의 소중함을 알고, 건강하고 안전한 생활 습관을 기른다.
나. 자신의 일을 스스로 해결하는 기초 능력을 기른다.
다. 호기심과 탐구심을 가지고 상상력과 창의력을 기른다.
라. 일상에서 아름다움을 느끼고 문화적 감수성을 기른다.
마. 사람과 자연을 존중하고 배려하며 소통하는 태도를 기른다.

3. 구성의 중점

누리과정 구성의 중점은 다음과 같다.

가. 3~5세 모든 유아에게 적용할 수 있도록 구성한다.

나. 추구하는 인간상 구현을 위한 지식, 기능, 태도 및 가치를 반영하여 구성한다.
다. 신체운동·건강, 의사소통, 사회관계, 예술경험, 자연탐구 5개 영역을 중심으로 구성한다.
라. 3~5세 유아가 경험해야 할 내용으로 구성한다.
마. 0~2세 보육 과정 및 초등학교 교육 과정과의 연계성을 고려하여 구성한다.

II. 누리과정의 운영

1. 편성·운영

다음의 사항에 따라 누리과정을 편성·운영한다.

가. 1일 4~5시간을 기준으로 편성한다.
나. 일과 운영에 따라 확장하여 편성할 수 있다.
다. 누리과정을 바탕으로 각 기관의 실정에 적합한 계획을 수립하여 운영한다.
라. 하루 일과에서 바깥 놀이를 포함하여 유아의 놀이가 충분히 이루어지도록 편성하여 운영한다.
마. 성, 신체적 특성, 장애, 종교, 가족 및 문화적 배경 등으로 인한 차별이 없도록 편성하여 운영한다.

바. 유아의 발달과 장애 정도에 따라 조정하여 운영한다.
사. 가정, 지역사회와의 협력과 참여에 기반하여 운영한다.
아. 교사 연수를 통해 누리과정의 운영이 개선되도록 한다.

2. 교수·학습

교사는 다음 사항에 따라 유아를 지원한다.

가. 유아가 흥미와 관심에 따라 놀이에 자유롭게 참여하고 즐기도록 한다.
나. 유아가 놀이를 통해 배우도록 한다.
다. 유아가 다양한 놀이와 활동을 경험할 수 있도록 실내외 환경을 구성한다.
라. 유아와 유아, 유아와 교사, 유아와 환경 간에 능동적인 상호작용이 이루어지도록 한다.
마. 5개 영역의 내용이 통합적으로 유아의 경험과 연계되도록 한다.
바. 개별 유아의 요구에 따라 휴식과 일상생활이 원활히 이루어지도록 한다.
사. 유아의 연령, 발달, 장애, 배경 등을 고려하여 개별 특성에 적합한 방식으로 배우도록 한다.

3. 평가

평가는 다음 사항에 중점을 두고 실시한다.

가. 누리과정 운영의 질을 진단하고 개선하기 위해 평가를 계획하고 실시한다.
나. 유아의 특성 및 변화 정도와 누리과정의 운영을 평가한다.
다. 평가의 목적에 따라 적합한 방법을 사용하여 평가한다.
라. 평가의 결과는 유아에 대한 이해와 누리과정 운영 개선을 위한 자료로 활용할 수 있다.

제2장 영역별 목표 및 내용

I. 신체운동·건강

1. 목표

실내외에서 신체 활동을 즐기고, 건강하고 안전한 생활을 한다.

1) 신체 활동에 즐겁게 참여한다.
2) 건강한 생활 습관을 기른다.

3)   안전한 생활 습관을 기른다.

2. 내용

내용 범주	내용
신체 활동 즐기기	신체를 인식하고 움직인다.
	신체 움직임을 조절한다.
	기초적인 이동 운동, 제자리 운동, 도구를 이용한 운동을 한다.
	실내외 신체 활동에 자발적으로 참여한다.
건강하게 생활하기	자신의 몸과 주변을 깨끗이 한다.
	몸에 좋은 음식에 관심을 가지고 바른 태도로 즐겁게 먹는다.
	하루 일과에서 적당한 휴식을 취한다.
	질병을 예방하는 방법을 알고 실천한다.
안전하게 생활하기	일상에서 안전하게 놀이하고 생활한다.
	TV, 컴퓨터, 스마트폰 등을 바르게 사용한다.
	교통안전 규칙을 지킨다.
	안전사고, 화재, 재난, 학대, 유괴 등에 대처하는 방법을 경험한다.

II. 의사소통

1. 목표

일상생활에 필요한 의사소통 능력과 상상력을 기른다.

1) 일상생활에서 듣고 말하기를 즐긴다.
2) 읽기와 쓰기에 관심을 가진다.
3) 책이나 이야기를 통해 상상하기를 즐긴다.

2. 내용

내용 범주	내용
듣기와 말하기	말이나 이야기를 관심 있게 듣는다.
	자신의 경험, 느낌, 생각을 말한다.
	상황에 적절한 단어를 사용하여 말한다.
	상대방이 하는 이야기를 듣고 관련해서 말한다.
	바른 태도로 듣고 말한다.
	고운 말을 사용한다.
읽기와 쓰기에 관심 가지기	말과 글의 관계에 관심을 가진다.
	주변의 상징, 글자 등의 읽기에 관심을 가진다.

내용 범주	내용
읽기와 쓰기에 관심 가지기	자신의 생각을 글자와 비슷한 형태로 표현한다.
책과 이야기 즐기기	책에 관심을 가지고 상상하기를 즐긴다.
	동화, 동시에서 말의 재미를 느낀다.
	말놀이와 이야기 짓기를 즐긴다.

III. 사회관계

1. 목표

자신을 존중하고 너불어 생활하는 태도를 가진다.

1) 자신을 이해하고 존중한다.
2) 다른 사람과 사이좋게 지낸다.
3) 우리가 사는 사회와 다양한 문화에 관심을 가진다.

2. 내용

내용 범주	내용
나를 알고 존중하기	나를 알고 소중히 여긴다.
	나의 감정을 알고 상황에 맞게 표현한다.
	내가 할 수 있는 것을 스스로 한다.
더불어 생활하기	가족의 의미를 알고 화목하게 지낸다.
	친구와 서로 도우며 사이좋게 지낸다.
	친구와의 갈등을 긍정적인 방법으로 해결한다.
	서로 다른 감정, 생각, 행동을 존중한다.
	친구와 어른께 예의 바르게 행동한다.
	약속과 규칙의 필요성을 알고 지킨다.
사회에 관심 가지기	내가 살고 있는 곳에 대해 궁금한 것을 알아본다.
	우리나라에 대해 자부심을 가진다.
	다양한 문화에 관심을 가진다.

IV. 예술경험

1. 목표

아름다움과 예술에 관심을 가지고 창의적 표현을 즐긴다.

1) 자연과 생활 및 예술에서 아름다움을 느낀다.
2) 예술을 통해 창의적으로 표현하는 과정을 즐긴다.
3) 다양한 예술 표현을 존중한다.

2. 내용

내용 범주	내용
아름다움 찾아보기	자연과 생활에서 아름다움을 느끼고 즐긴다.
	예술적 요소에 관심을 갖고 찾아본다.
창의적으로 표현하기	노래를 즐겨 부른다
	신체, 사물, 악기로 간단한 소리와 리듬을 만들어본다.
	신체나 도구를 활용하여 움직임과 춤으로 자유롭게 표현한다.
	다양한 미술 재료와 도구로 자신의 생각과 느낌을 표현한다.
	극 놀이로 경험이나 이야기를 표현한다.
예술 감상하기	다양한 예술을 감상하며 상상하기를 즐긴다.

내용 범주	내용
예술 감상하기	서로 다른 예술 표현을 존중한다.
	우리나라 전통 예술에 관심을 갖고 친숙해진다.

V. 자연탐구

1. 목표

탐구하는 과정을 즐기고, 자연과 더불어 살아가는 태도를 가진다.

1) 일상에서 호기심을 가지고 탐구하는 과정을 즐긴다.
2) 생활 속의 문제를 수학적, 과학적으로 탐구한다.
3) 생명과 자연을 존중한다.

2. 내용

내용 범주	내용
탐구 과정 즐기기	주변 세계와 자연에 지속적으로 호기심을 가진다.
	궁금한 것을 탐구하는 과정에 즐겁게 참여한다.
	탐구 과정에서 서로 다른 생각에 관심을 가진다.

내용 범주	내용
생활 속에서 탐구하기	물체의 특성과 변화를 여러 가지 방법으로 탐색한다.
	물체를 세어 수량을 알아본다.
	물체의 위치와 방향, 모양을 알고 구별한다.
	일상에서 길이, 무게 등의 속성을 비교한다.
	주변에서 반복되는 규칙을 찾는다.
	일상에서 모은 자료를 기준에 따라 분류한다.
	도구와 기계에 관심을 가진다.
자연과 더불어 살기	주변의 동식물에 관심을 가진다.
	생명과 자연환경을 소중히 여긴다.
	날씨와 계절의 변화를 생활과 관련짓는다.

놀이의 기쁨

초판 1쇄 2020년 5월 1일
초판 4쇄 2022년 6월 27일

지은이 EBS 특집《놀이의 기쁨》제작진
펴낸이 이혜숙
펴낸곳 (주)그린하우스

출판책임 권대홍
출판진행 이은정・한송이
편집교정 허지혜
디자인 이승욱
제작 미래피앤피

등록 2019년 1월 1일 (110111-6989086)
주소 서울시 강남구 강남대로62길 3 한진빌딩 8층
전화 02-6969-8955
팩스 02-556-8477

ⓒ EBS & EBS 특집《놀이의 기쁨》제작진 All rights reserved
값 16,500원
ISBN 979-11-90419-23-9 13590

- 이 책의 어느 부분도 저작권자나 (주)그린하우스 발행인의 승인 없이 일부 또는 전부를 사용할 수 없습니다.
- 잘못된 책은 구입하신 서점에서 바꾸어 드립니다.